Claudia Hilgers

Wir
vom Jahrgang
1966

Kindheit und Jugend

Impressum

Bildnachweis:

Umschlag: Privatarchiv Claudia Hilgers (oben, hinten), Privatarchiv Gisela Hilgers (unten);
Privatarchiv Claudia Hilgers: S. 4, 5, 6 o./u., 7 o./u., 9, 11, 14, 17 o., 18, 19, 20, 21, 23, 24, 26, 28 o.,
30, 35 o., 36, 37 u., 39, 44 o./u., 46, 47, 49, 50 o., 51, 52 o., 53, 56, 57; DDR-Museum Berlin, Fotos
Claudia Hilgers: S. 10, 28 u., 32 l./r., 37 o., 54, 63; Privatarchiv Gisela Hilgers: S. 17 u., 22, 33, 38;
Privatarchiv Wolfgang Wehe: S. 34; Konzernarchiv der KfW Bankengruppe, Berlin: S. 41; Copyright
für das Mosaik von Hannes Hegen, Tessloff Verlag, Nürnberg: S. 42 o.; Privatarchiv Olaf Hilgers:
S. 50 u., 55 l./r., 58, 59, 61 o./u., 62 o./u.; Privatarchiv Ursula Salomon: S. 54 u.;
picture alliance/ZB/Wilfried Glienke: S. 8; picture alliance/ZB/ddrbildarchiv.de: S. 12, 27; picture
alliance/ZB/Waltraud Grubitzsch: S. 16 o.; picture alliance/ZB/Manfred Uhlenhut: S. 16 u.; picture
alliance/ZB/Klaus Winkler: S. 25; picture alliance/ZB/Soeren Stache: S. 42 u.; ullstein bild – CARO/
Christoph Eckelt: S. 29; ullstein bild – ADN-Bildarchiv: S. 35 u.; ullstein bild – Gerig: S. 40; ullstein
bild – Herbert Schulze: S. 45;

 www.ddr-museum.de

9. Auflage 2025
Alle Rechte vorbehalten, auch die des auszugsweisen
Nachdrucks und der fotomechanischen Wiedergabe.
Gestaltung und Satz: r2 | Ravenstein, Verden
Druck: Druck- und Verlagshaus Thiele & Schwarz GmbH, Kassel
Buchbinderische Verarbeitung: Buchbinderei S. R. Büge, Celle
© Wartberg-Verlag GmbH
34281 Gudensberg-Gleichen • Im Wiesental 1
Telefon: 056 03/9 30 50 • www.wartberg-verlag.de
ISBN: 978-3-8313-3166-6

Liebe 66er!

Welche Farbe hatte euer Trabi? Wo warst du im Ferienlager? Die „Wisent"-Jeans waren echt ätzend. Kennst du noch den „Mufuti" oder die „Kriepa-Tatü"? Hast du mal eine „Sprachlos" probiert? Die haute vielleicht durch.

Fast vergessene Wörter für Dinge, die uns an unsere Kindheit in der DDR erinnern. Wir wuchsen in einem Land mit begrenzter Freiheit auf. Für uns Kinder spielte es noch keine Rolle. Wir fühlten uns wohl im Kollektiv. Vom Kindergarten bis zur Lehre wurden wir so erzogen, dass der Einzelne sich der Gemeinschaft unterordnet. Als Knirpse waren wir noch stolz, das Pionierhalstuch zu tragen. Wir sammelten Altpapier, spendeten Geld für andere Völker. Wir erlebten schöne Ferien in den Pionierlagern. Vom westlichen Konsum und Luxus träumten wir vor dem Fernseher.

Mehr Freiheit wollten wir als Jugendliche. Trotz der Diktatur, die um uns herrschte, suchten wir uns unsere Nischen. Hier konnten wir meist ungestört feiern. Und das, obwohl die DDR immer mehr verfiel und viele Freunde in den Westen gingen. Trotz allem war es eine aufregende, unvergessene Jugend.

Die DDR war nicht nur streng, sie war auch liebenswert. Wir liebten das offene Miteinander und die politisch unkorrekten Witze. Heute können wir unsere Vergangenheit in DDR-Museen ansehen und uns erinnern: an das Gute und an das Schlechte. Übrig geblieben sind unser Gruppengefühl und der Galgenhumor. Er hilft noch heute, schwierige Zeiten zu überstehen. Ich lade alle vom Jahrgang 1966 ein, auf den folgenden Seiten die Kindheit und Jugend in der DDR noch einmal zu erleben und in Erinnerungen zu schwelgen.

Claudia Hilgers

Laufen lernen in der DDR

Zum ersten Mal zu Hause
angekommen.

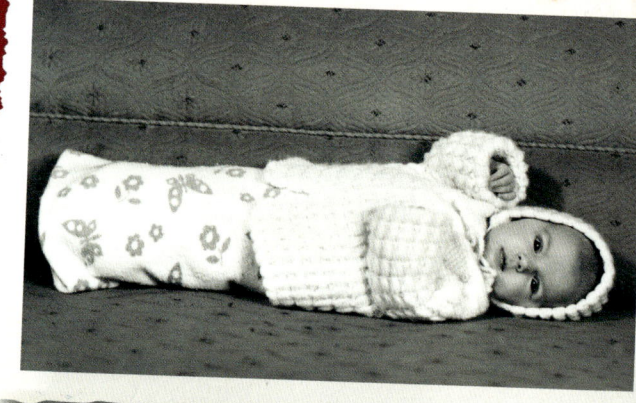

Baby-Boomer im Baby-Chic

Unser erster Schrei
ertönte in einem Kranken-
haus irgendwo in der
Deutschen Demokratischen Republik. Mama und wir schliefen nach der
Geburt in getrennten Zimmern. Wir Neugeborenen lagen die ersten Tage
nebeneinander aufgereiht in Babybettchen auf der Geburtenstation. Da
wussten wir noch nicht, dass Gemeinschaftsunterbringung unsere Zukunft sein
sollte. Um uns auseinanderzuhalten, banden uns die Kinderkrankenschwes-
tern kleine runde Pappschildchen an unsere Ärmchen. Darauf standen unser
Nachname, Geschlecht und auf der Rückseite unser Geburtsgewicht.

Chronik

19. Januar 1966
Indira Gandhi wird zur neuen Premierminis-
terin Indiens gewählt. Sie ist weltweit die
zweite Frau an der Spitze eines Staates.

1. April 1966
In der DDR wird die 5-Tage-Woche
eingeführt. Außerdem werden die Mindest-
löhne angehoben. Ab sofort ist jede zweite
Arbeitswoche in der DDR eine 5-Tage-
Woche, d. h., jeder zweite Sonnabend ist
arbeitsfrei.

2. Juli 1966
Frankreich führt seinen ersten Atomwaffen-
versuch auf dem Mururoa-Atoll im
Südpazifik durch.

20. Februar 1967
Die Volkskammer beschließt das Gesetz
über die Staatsbürgerschaft der DDR.

2. Juni 1967
Bei einer Demonstration in Westberlin
erschießt ein Polizist den Studenten Benno
Ohnesorg. Der gewaltsame Tod trug zur
Ausbreitung und Radikalisierung der
westdeutschen Studentenbewegung bei.
Die SED unterstützt die sich formierende
Protestbewegung in der Bundesrepublik.

9. Oktober 1967
Der kubanische Revolutionär Che Guevara
wird in Bolivien von Militärs erschossen.

27. März 1968
Juri Gagarin, der erste Mensch im Weltall,
verunglückt tödlich bei einem Flugzeugab-
sturz in der UdSSR.

4. April 1968
Der Bürgerrechtler und Friedensnobelpreis-
träger Martin Luther King wird in Memphis/
USA erschossen.

10. Mai 1968
In Frankreich rufen die Gewerkschaften zu
einem Generalstreik auf. Das geschieht aus
Solidarität mit den rebellierenden Studenten.
Straßenschlachten, Massendemonstrationen
und Fabrikbesetzungen stürzen das Land in
einen bürgerkriegsähnlichen Zustand.

20./21. August 1968
Der Reformversuch der sozialistischen
CSSR, der „Prager Frühling", wird von
Panzertruppen des Warschauer Paktes
gewaltsam beendet.

Ein kleines Pappschildchen half den
Säuglingsschwestern, uns auf der
Geburtenstation auseinanderzuhalten.

Zu unseren Müttern brachte man uns
pünktlich alle vier Stunden, damit sie
uns stillen. Unsere Väter, Omas und
Opas durften uns das erste Mal durch
die Glasscheibe des Babyzimmers
bestaunen, wo uns die Kinderkranken-
schwestern vorzeigten. Mama und uns
haben später die Väter vom Kranken-
haus nach Hause geholt. Unsere Eltern
trugen uns auf dem Arm wie kleine
Raupen. Wir waren fest in ein Molton-
tuch eingepackt. Babyfotos aus der
Zeit zeigen, wie ähnlich wir alle aussa-
hen mit unseren gleichen Sachen. Das
Angebot an Babysachen im Osten war
nicht groß. Die Muster auf unseren
Moltontüchern überlebten bis zum
Ende der DDR. VEB Baby-Chic hieß
unser erstes Modelabel. Mit selbst
gestrickten Jacken, Mützen und
Stramplern machten unsere Mütter die
Babymodeeinfalt bunter.

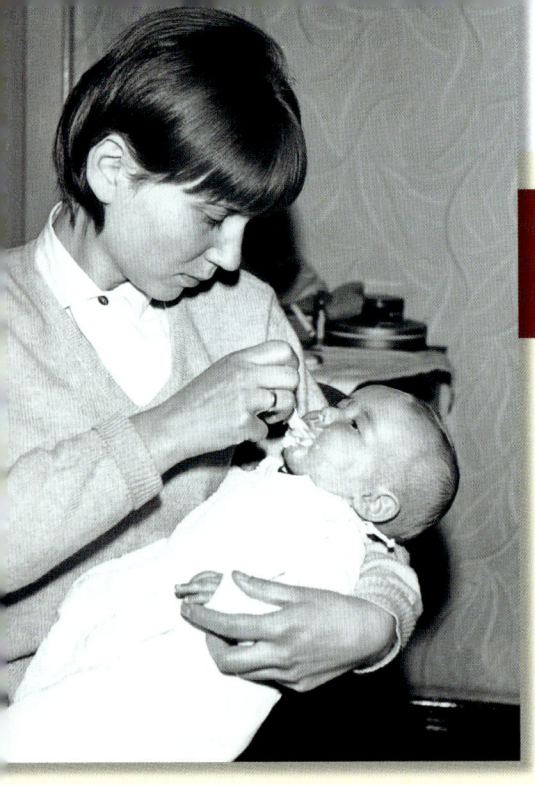

Ob selbst gekochter Brei oder Fertignahrung besser schmeckte – wir wissen es nicht mehr.

Duft von Elasan oder Penaten

In den späten Sechzigern legte man großen Wert auf hygienische Babypflege. Mama badete uns jeden Tag, cremte und puderte. Wir rochen nach Elasan, der Babypflegeserie aus der DDR, oder nach der guten Penatencreme aus dem Westen. Das erste Bettchen war ein Stubenwagenkörbchen, oft an mehrere Generationen vererbt. Hier lauschten wir ersten Melodien aus dem Röhrenradio „Undine". Es schallten Schlager wie „Ganz in Weiß" von Roy Black, „Hundert Mann und ein Befehl" von Heidi Brühl. Udo Jürgens sang „Merci Chérie". Spielten Tanzorchester von Kurt Henkels oder Fips Fleischer im Radio, erinnerten sich unsere Eltern sehnsüchtig an die Tanzabende ohne Babybetreuungspflichten. Zum Tanztee schwangen sie so gern die Beine zu Lipsi oder Twist.

Junge Eltern von 1966 hatten es nicht leicht. Waschmaschinen und Wegwerfwindeln gab es in den meisten Haushalten noch nicht. Deshalb kochten die Mütter unsere Windeln in einem großen Topf mit Waschpulver auf dem Küchenherd. So zog in regelmäßigen Abständen der eigene Geruch der Windelwäsche durch die Wohnung. Doch in puncto Säuglingsbetreuung war die DDR Weltspitze. Für umfassenden Impfschutz und ärztliche

Ein Plädoyer fürs Stillen.

WIEGEKARTE

für

Name: Wehe, Claudia

geboren: 21.3.66

Mutter, stille dein Kind!

Warum?

Weil deine Milch, liebe Mutter, die beste und bekömmlichste Nahrung für dein Kind ist!

Es gibt keinen vollwertigen Ersatz für Muttermilch!
Brustkinder erkranken seltener an Infektionskrankheiten, und die Krankheiten verlaufen bei Brustkindern in der Mehrzahl der Fälle leichter als bei künstlich ernährten Kindern.

Muttermilch ist immer frei von Krankheitskeimen.
Sie enthält:
1. alle für das Kind erforderlichen Nahrungsstoffe in der richtigen Zusammensetzung,
2. alle lebensnotwendigen Vitamine,
3. Abwehrstoffe gegen Krankheiten.

Um deine Stillfreudigkeit zu steigern, erhältst du bis zu einer Stilldauer von 6 Monaten in jedem Monat 10,- MDN. Voraussetzung hierfür ist, daß du mindestens zweimal am Tag stillst und daß sich die Mütterberatungsstelle von deiner Stillfähigkeit überzeugt hat.

6905 VLV Freiberg   B 2590   III 9 5   Ag 307 64 DDR

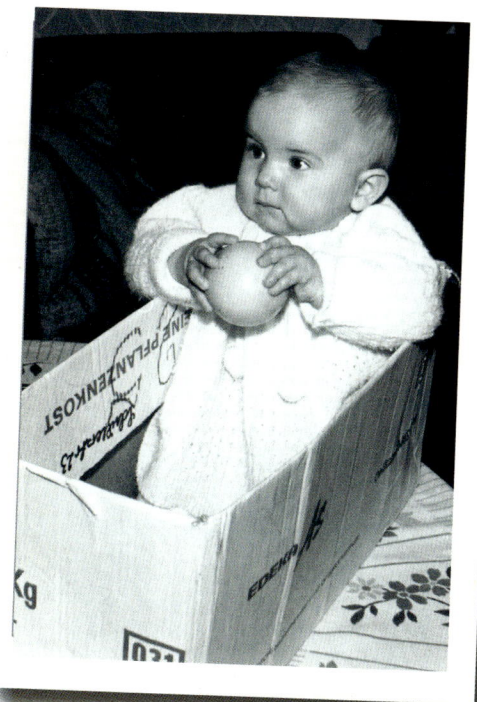

Rundumbetreuung von Mutter und Kind sorgte das staatliche Gesundheitswesen. Unsere Mütter wurden zum Stillen angehalten. Doch viele Frauen gingen nach den acht Wochen Wöchnerinnenurlaub wieder arbeiten. Sie stellten deshalb auf Milchpulver als Muttermilchersatz um. Es hieß Ki-Na (von Kindernahrung), Babysan oder Milasan.

Der erste Wagen war ein Zekiwa

Der VEB Zekiwa ist zu DDR-Zeiten Europas größte Kinderwagenfabrik. Er produziert Babykutschen, in denen nicht nur unsere Generation spazieren gefahren wird. Zekiwa beliefert die DDR, das sozialistische Ausland, aber auch die Bundesrepublik, u. a. Neckermann. In den 1970ern kreiert Zekiwa neue Modelle wie den Panoramakinderwagen (mit Fenstern), Zwillingswagen oder die ersten leichten Buggys. Mit der Wende wird der ehemalige VEB umstrukturiert. Die Kinderwagenproduktion kommt größtenteils ins Ausland. Heute verkauft Zekiwa immer noch von Döschwitz bei Zeitz u. a. Kinderwagen, Laufgitter und Puppenkinderwagen in alle Welt. Ein Kinderwagenmuseum im Zeitzer Schloss erinnert an die Tradition.

Spazierfahrten an der frischen Luft im Zekiwa-Wagen.

Gut behütet

Wir wurden mitten in den Ausbau von Kindergärten, Krippen und Horten hineingeboren. Zu unserer Baby- und Kleinkindzeit gab es noch nicht so viele Kinderkrippenplätze wie später in den 1970er- und 1980er-Jahren. Uns betreute man noch überwiegend zu Hause. Unsere Mütter blieben die ersten drei Jahre daheim oder arbeiteten nur halbtags. Viele junge Mütter verdienten in Heimarbeit ihren Lohn. Glücklich konnte sich jede Familie schätzen, wenn Oma die kleinen Kinder hütete.

Wenn unsere Mütter zur Arbeit gingen, wurden wir in der Krippe betreut.

Wer von uns nicht zu Hause blieb, kam nach der sechsten Lebenswoche in die Kinderkrippe. Hier verbrachten wir neun bis zehn Stunden, bis wir abgeholt wurden. Wenn beide Eltern in Schichten arbeiteten, verbrachten einige von uns die Zeit sogar rund um die Uhr, von Montag bis Freitag in der Wochenkrippe.

In der Krippe betreuten uns Säuglingsschwestern in weißen Kitteln. Sie erzogen uns zur schnellen Windelentwöhnung. Deshalb setzten sie uns im Kollektiv auf die Töpfchenbank, wo Topf an Topf stand. Grüppchenweise saßen wir auch bei Ausfahrten an der frischen Luft in den Kinderkutschen, in die acht bis zehn Kinder hineinpassten.

Die Praktica FX vom VEB Pentacon Dresden.

„Du hast den Farbfilm vergessen"

Auf Fotos sind unsere Kindheit und Jugend in Schwarz-Weiß abgelichtet. Erst in den 1980ern gab es bunte Fotos von uns. Hatten unsere Eltern wirklich den Farbfilm vergessen, wie Nina Hagen singt? Dabei wurde der Farbfilm im Osten erfunden, 1936 in der Filmfabrik Wolfen in Sachsen-Anhalt. Ab 1964 hießen die ehemals Agfa-Filme dann ORWO (Original Wolfen). Die Entwicklung der Farbfilme im Arbeiter-und-Bauern-Staat war aber so teuer, dass sie sich das werktätige Volk nicht leisten konnte. So landete mancher neu geknipste Farbfilm vor der Entwicklung im Papierkorb, weil das Fotolabor zu teuer war. Deshalb fotografierten uns Kameras wie Beirette, Pouva Start oder Practica zuerst nur in Schwarz-Weiß.

Eine Hoffnung stirbt: Prager Frühling

Während der Westen 1968 mit Studentenbewegung und Außerparlamentarischer Opposition (APO) in eine demokratischere Zukunft aufbricht, zerplatzt im Osten der Traum vom Sozialismus mit menschlichem Antlitz. In der Nacht vom 20. auf 21. August rücken Truppen des Warschauer Pakts ins Nachbarland CSSR ein. Zuvor hat die tschechoslowakische Regierung unter dem kommunistischen Parteichef Alexander Dubček umfangreiche Reformen beschlossen. Sie sollen mehr Freiheit für Gewerkschaft und Künstler zulassen. Sogar die Presse- und Kulturzensur wird aufgehoben. Darin wittert der große Bruder in Moskau eine Gefahr für die Einheit des Ostblocks. Mit Militärgewalt wird die fortschrittliche CSSR-Regierung abgesetzt. Auch die Hoffnung vieler DDR-Bürger auf einen Sozialismus mit mehr Demokratie wird durch den Einmarsch der Roten Armee in Prag zerstört. Aufkommende Proteste verbietet die DDR sofort. Eine lange Zeit der Depression beginnt. Denn die Antwort der SED-Führung auf den Prager Frühling heißt mehr Kontrolle der Bevölkerung durch die Stasi.

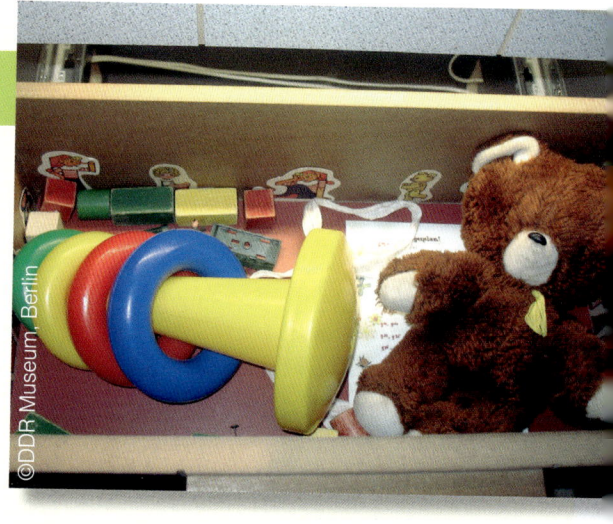

Unser Kleinkindspielzeug.

©DDR Museum, Berlin

Zwischen Töpfen und zu großen Schuhen

Wir wuchsen oft mit mehreren Generationen unter einem Dach auf. Wohnungsmangel sollte ein Problem bis zum Ende der DDR bleiben. Eigene Kinderzimmer gab es kaum, wir schliefen oft im Elternschlafzimmer. Unser Laufställchen stand im Wohnzimmer, wo wir die Welt anfangs durch die Gitterstäbe betrachteten. Bald begannen wir, uns für das Leben außerhalb zu interessieren. Wir stolperten unsere ersten Schritte an den Händen von Mama oder Papa. Kaum als aufrechter Zweibeiner aufgestanden, war nichts mehr sicher vor uns. Wir gruben Erde aus Gummibaumtöpfen, leerten Aschekästen aus und putzten mit Spucke und Taschentuch die Kacheln des Berliner Ofens. Einer unserer Lieblingsspielplätze in den engen

Wohnungen um 1970 war die Küche. Wir räumten Töpfe und Deckel aus dem Küchenschrank und bauten daraus unser erstes Schlagzeug. Kochlöffel dienten als Schlagstöcke. Auch mit den Schuhen aus dem Schuhschrank zu spielen, bereitete uns Riesenvergnügen. Wir schlappten in viel zu großen Stöckelschuhen durch den Flur und holten uns so manche Beule. Wie gut, dass Mutter uns trösten konnte.

Gesunder Dreck im Sandkasten.

Saubere Wäsche und gesunder Dreck

Einmal im Monat, wenn Mutter die „große Wäsche" machte, stiefelten wir mit ihr zusammen hinab in den Waschkeller. In dem Gemeinschaftsraum stand ein Waschkessel. Mit Kohlen beheizt, kochte er die weiße Wäsche. Unsere Mütter trockneten sie entweder auf dem Trockenboden im Haus oder draußen auf dem Wäscheplatz. Den staubigen Trockenboden befeuchtete die Wäscherin vorher mit Wasser aus einem Eimer, damit er die frisch gewaschene Kleidung nicht vollstaubte. Während sie die Wäsche aufhängte, konnten wir Knirpse jede Ecke des Dachbodens erkunden. Ein größeres Erlebnis versprach der Trockenplatz. Für uns Steppkes war es ein Abenteuer, im Handwagen auf dem Wäschekorb zum Wäscheplatz zu reisen. In einem unheimlichen dunklen Schuppen, der nach Holz roch und wo der Staub im einfallenden Sonnenlicht tanzte, standen die Wäschestützen.

Die Holzstangen benötigte Mutter, um die Wäscheleine hochzuheben, damit sich die Bettlaken im Wind trockenflatterten.

Bettwäsche, Tischdecken und Handtücher bügelten unsere Mütter erst in den Mittsiebzigern. Jetzt wurde noch gemangelt. In jeder Stadt oder auf dem Dorf gab es Mangelstuben zur gemeinsamen Nutzung. Dafür gingen wir zur „Rolle". Die Wäscherolle war ein großes Ungetüm aus Holz, das einen Raum fast ausfüllte. Einmal angeworfen, ächzte und stöhnte die Maschine. Wir Kleinen wurden ständig ermahnt, unsere Fingerchen nicht durch die Gitterabsperrung der Rolle zu stecken. Die zu glättende Wäsche wurde auf Holzrollen

Am Waschtag hatten unsere Mütter viel zu tun.

mit einem speziellen braunen Leinentuch gewickelt. Diese Rollen legten die Mütter unter die schwere Mangel. Die bewegte sich dann langsam hin und her. So ein Nachmittag in der Wäscherolle erschien uns endlos, denn nur zugucken und auf die Finger aufpassen, langweilte uns schnell. Wie viel aufregender war es dann draußen, wenn wir mit dem Holzroller oder mit dem Dreirad die Straße entlangdüsten. Spaß machte es auch, im Sandkasten zu buddeln. Sand sah so verlockend appetitlich aus. Geschmeckt hat er nicht. Eine Portion Sand im Mund knirschte mächtig zwischen den Zähnen. „Dreck hält gesund", pflegten dann unsere Eltern zu sagen. Schien zu stimmen, denn Allergien bekamen wir nicht.

Prominente 66er

13. Jan.	**Patrick Dempsey** US-amerikanischer Schauspieler, „McDreamy" in der Serie Grey's Anatomy
7. Feb.	**Kristin Otto** DDR-Schwimmsportlerin und ZDF-Sportjournalistin
21. Feb.	**Axel Bulthaupt** deutscher Fernsehjournalist und Moderator
18. März	**Anne Will** deutsche Journalistin und Fernsehmoderatorin
3. April	**Michael Mittermeier** deutscher Komödiant
19. April	**Oliver Welke** deutscher Komödiant und Fernsehmoderator
30. Juni	**Sebastian Krumbiegel** Sänger der Popgruppe „Prinzen"
25. Aug.	**Sandra Maischberger** deutsche Fernsehmoderatorin
1. Sept.	**Fil (Philip Tägert)** deutscher Bühnenkünstler, Zeichner, Romanautor
2. Sept.	**Salma Hayek** US-amerikanische Schauspielerin
7. Sept.	**Gunda Niemann-Stirnemann** deutsche Eisschnellläuferin des Jahrhunderts
9. Sept.	**Georg Hackl** deutscher Rennrodler und dreifacher Olympiasieger
13. Sept.	**Maria Furtwängler** deutsche Schauspielerin
20. Okt.	**Stefan Raab** deutscher Showmaster und Produzent
16. Nov.	**Christian „Flake" Lorenz** Keyboarder der Band Rammstein, vorher Feeling B
8. Dez.	**Sinead O'Connor** irische Musikerin und Sängerin
21. Dez.	**Kiefer Sutherland** kanadischer Schauspieler

Brottasche, Bummi und Borstel

Wenn Mutti früh zur Arbeit geht

So beginnt ein Lied, das wir oft im Kindergarten sangen. Entgegen dem Liedtext blieben wir aber nie zu Hause und fegten die Stube für Mutti. Mit drei Jahren kamen wir in den staatlichen Kindergarten. 1970 gingen 65 Prozent aller DDR-Kinder dorthin. Er öffnete wegen der Schichtarbeiter schon von sechs Uhr früh bis 17:30 Uhr spät nachmittags. Wir drei- bis

Sie begleitete uns jeden Tag:
Die Brottasche für den Kindergarten.

Chronik

20. Juli 1969
Die US-Amerikaner landen auf dem Mond. Dadurch gewinnt die USA Vorsprung beim Wettlauf im All mit der UdSSR. Über 500 Mio. Zuschauer verfolgen live die Mondlandung am Bildschirm.

15. – 18. August 1969
Das Woodstock Festival findet in den USA statt. Auf dem Musikfest treffen sich vier Tage lang 400 000 Menschen.
Sie hören Musik von 32 Bands, u. a. Jimi Hendrix, Santana, Joe Cocker und Joan Baez.

3. Oktober 1969
Staatschef Walter Ulbricht eröffnet das zweite Fernsehprogramm der DDR. Gleichzeitig nimmt der Fernsehturm auf dem Berliner Alexanderplatz seinen Sendebetrieb auf.

19. November 1969
Die Rockband Puhdys gibt in Freiberg ihr erstes Konzert.

1. Januar 1970
Die Montage von Selbstschussanlagen an der deutsch-deutschen Grenze beginnt.

19. März 1970
Treffen von Bundeskanzler Willy Brandt und DDR-Ministerratsvorsitzendem Willi Stoph in Erfurt.

12. August 1970
Mit der Unterzeichnung des Moskauer Vertrags wird eine Entspannungspolitik zwischen Ost und West eingeleitet.

4. September 1970
In Chile gewinnt der Sozialist Salvador Allende die Präsidentschaftswahlen.

3. Mai 1971
SED-Chef Walter Ulbricht tritt aus Altersgründen von seinem Amt zurück. Sein Nachfolger wird Erich Honecker.

3. September 1971
Das Viermächteabkommen zum Status von Westberlin wird von den USA, Großbritannien, Frankreich und der Sowjetunion in Westberlin unterzeichnet.

17. Dezember 1971
Das Transitabkommen zwischen beiden deutschen Staaten wird unterzeichnet.

vierjährigen Steppkes kamen zuerst in die kleine Gruppe. Unsere Kindergartengruppen zählten bis zu 25 Kindern. Eine Erzieherin passte auf uns auf. Unsere Eltern oder größeren Geschwister brachten uns jeden Tag bis acht Uhr zum gemeinsamen Frühstück in den Kindergarten. Später als Sechsjährige in der großen Gruppe tippelten wir allein dorthin, immer mit der Brottasche um den Hals. Das Kindergartentäschchen aus Leder war auf der Innenseite mit unseren Namen beschriftet. Mama füllte es jeden Morgen mit in Brotpapier eingewickelten Wurst- oder Käsebroten. Meist legte sie einen Apfel dazu. Innen roch das Täschchen genau danach, nach einem Duftgemisch aus Butterbrot, Obst und Leder.

Gedichte und Zeitgeschichte

Jeder Kindergartentag verlief gleich. Nach dem gemeinsamen Frühstück war vormittags Beschäftigungsstunde angesagt. Wir saßen auf unseren Stühlchen in einem großen Kreis um unsere Betreuerin und wurden unterhalten. Wir lernten Lieder und Gedichte oder bekamen Geschichten vorgelesen. Unsere ersten Gedichte handelten von der kleinen Zitrone, die nicht wusste, wo sie wohnte oder vom Riesen Timpetu, der erst eine Maus ver-

schluckte und später eine Katze dazu. Wir sangen das Lied vom Teddybären Bummi oder spielten auf der Triola das Liedchen von der kleinen Meise. Im Jahr vor der Schule, in der großen Gruppe, erhielten wir Verkehrserziehung. Wer kennt noch die typischen Reime „Erst sehen, dann gehen" oder „Bei Rot bleibe stehen, bei Grün kannst du gehen"? Sie gab es auch als Liedchen. Manchmal wurde es auch politisch. Denn wir sollten laut Kindergartenlehrplan schon zu kleinen sozialistischen Persönlichkeiten geformt werden. Dann stimmten wir das Lied von der kleinen weißen Friedenstaube an oder bekamen eine Geschichte von einem mutigen NVA-Soldaten vorgelesen.

Bummi Brumm Brumm

Der „Bummi" ist unsere erste Zeitschrift. Der Titelbär, gelb und wuschelig, beglei-tet uns durch Kindergarten- und Vorschul-zeit. Den Anfang des Bummi-Liedes „Kam ein kleiner Teddybär aus dem Spielzeug-lande her ..." kennt jeder Ostdeutsche. Herausgegeben wird die Kleinkindzeitung vom Verlag „Junge Welt". Sie erscheint seit 1951 erst einmal, nach 1966 zweimal monatlich. Der gelbe Bär Bummi mit seinen Freunden Maxl und dem russi-schen Quotenbären Mischka erlebt auf den Bummiseiten kleine Alltagsabenteuer. Die Bildgeschichten im Heft zeichnen die

Den „Bummi" ließen wir uns gerne vorlesen.

Illustratoren fast alle von Hand. „Bummi" hat die Wende überlebt. Das Heft erscheint heute wieder monatlich im Verlag Pabel-Moewig.

Spiel und Spaß in großer Runde

Nach der Beschäftigungsstunde durften wir bis zum Mittagessen spielen. Die Jungs stürzten sich auf die Spielzeugautos und Baukästen. Die Mädchen bevorzugten die Puppenecke und spielten „Mutter, Vater, Kind". Bei schönem Wetter gingen wir raus auf den großen Spielplatz zusammen mit der mittleren und großen Gruppe. Wir kletterten auf allerlei Spielgeräste, buddelten im Sandkasten oder fuhren Roller und Dreirad. Grausig fanden wir es, wenn ein Kind beim Spielen „ein Loch im Kopf" hatte. So hießen Platzwunden am Kopf. Die Kindergartentanten brachten das Loch-im-Kopf-Kind in Windeseile in den Waschraum. Sie behandelten die ausgespülte Wunde mit stinkendem Jod und versorgten das „Loch" mit einem weißen kreisrunden Pflaster.

Fasching im Kindergarten.

Der Traum vom eigenen Telefon wurde meist nur im Kindergarten wahr.

4. bis 6. Lebensjahr

Von 11.30 bis 12.00 Uhr mussten wir das Mittagessen aufessen. Bummelletzter beim Essen zu sein, war verpönt. Da wurden die Tanten streng und schimpften. Großen Wert legten unsere Erzieher auf Ordnung und Sauberkeit. Im gemeinsamen Waschraum besaß jeder von uns einen eigenen Haken mit Waschlappen und Handtuch. Über dem Haken klebte unser Bildchen wie Bügeleisen, Katze oder Sonnenblume. Nach dem gemeinsamen Waschen schliefen wir Kinder in unseren Gruppenzimmern. Dafür hatten wir vorher kleine ausklappbare Holzpritschenbetten aufgebaut. Die Tanten erhielten ihre wohlverdiente Mittagspause. 14.30 Uhr war der Mittagsschlaf vorbei, danach gab es Kaffeetrinken mit Malzkaffee oder Tee. Bis uns unsere Eltern abholten, spielten wir meist draußen. Das Wir-Gefühl im Kollektiv stand bei unserer Erziehung im Vordergrund. Uns Kindergartenkindern fiel dadurch der Schulstart leicht.

Der Eislöffel mit Vornamen.

Naschkatzen und Leckermäuler

Von wegen wir hätten nicht genügend Süßigkeiten gehabt. Zwar war die Krönung eine Tafel Westschokolade und ihr zarter Schmelz eine besondere Gaumenfreude. Aber wir naschten auch gern, was Konsum und HO zu bieten hatten. Unsere Favoriten waren Saure-Drops-Rollen, Zetti-Pfeffis, Knusperflocken, Knickebocker-Bonbons, Brausepulver oder Schaumwaffeln. Ab und zu gab es im Molkereiladen leckere Mohrenköpfe. Eine Süßigkeit, die sich mit einer flotten Handbewegung ins Gesicht drücken ließ, wenn das Gegenüber gerade herzhaft hineinbiss. Meist endete die Mohrenkopfschleckerei in einer wüsten Schlacht, die Schokomäuler und verklebte Kleidung hinterließ. Nur zwei Dinge schaffte die DDR-Lebensmittelindustrie nicht: das Herstellen von streichbarer Schokoladen-Nuss-Creme und kalt löslichem Kakaopulver. Wer von uns einmal in den Genuss eines Nutella-Brotes oder einer Kaba-Milch gekommen war, der schmeckte, dass die Ostprodukte oft zweite Wahl waren.

Betriebsweihnachtsfeier mit Kindern,
die alle die gleichen Schuhe trugen.

Adventszeit mit „Heinrich und Auguste"

Der heilige Nikolaus kam auch in die sozialistische DDR. Wir putzten am
Vorabend des 6. Dezember fleißig unsere Schuhe. Ein guter Trick, viel Süßigkeiten zu ergattern, waren Gummistiefel: leicht zu putzen und mit viel Volumen.
Meist konnten wir vor Aufregung nicht einschlafen und fanden tausend Vor-
wände, noch einmal aufzustehen. Bei der Gelegenheit linsten wir um die Ecke
in den Flur, ob sich an der Schuhfront schon etwas getan hatte. Im Bett dach-
ten wir noch einmal nach, ob wir auch immer artig gewesen waren, sonst
steckte am nächsten Morgen vielleicht ein Kohlebrikett im Schuh. Das drohten
uns unsere Eltern bei Unartigkeiten doch ständig an? Am Nikolaustag stürmten
wir zu den rot glitzernden Zipfelmützen der Schokoladenweihnachtsmänner,
die aus unseren Stiefeln ragten. Schnell sammelten wir unsere Nikolaus-
schätze: Tütchen mit Schokolinsen, Nüsse und Äpfel, ein neues Paar Strümpfe
oder eine Packung Buntstifte. Manchmal vergaß der Nikolaus auch seine Rute.
Eigenartigerweise war sie in Zellophanfolie gepackt und mit weißen Wattebäu-
schen und Bonbons geschmückt. Und alle bekamen die gleiche Rute.

4. bis 6. Lebensjahr

Nach dem Nikolaustag begann die Zeit der Weihnachtsfeiern. Im Kindergarten kam ein Weihnachtsmann, der unserer Gruppe ein Geschenk für die Spielecke überreichte. In den Weihnachtsgeschichten, die uns unsere Tante vorlas, kamen keine Maria und kein Josef vor, dafür aber der Hirsch Heinrich, der sich zu Weihnachten auf den Weg nach China machte. Wir mochten auch die Weihnachtsgans Auguste, die nicht als Braten auf dem Tisch landete, sondern als Familienmitglied einen Pullover gestrickt bekam. Wir warteten sehnsüchtig auf den 24. Dezember. Die Zeit verkürzte eine weitere Weihnachtsfeier im Betrieb von Mutter oder Vater. Im großen Speisesaal saßen wir an langen Tafeln. Uns bewirteten die Kolleginnen aus der Brigade mit Keksen und Milchkaffee.

Oh, du fröhliche

Vor dem Fest trudelten meist Westpakete ein. Sie waren gefüllt mit Sarotti-Schokolade, Bohnenkaffee, Strumpfhosen für Mutti, Marlboro für Vati sowie Süßigkeiten für uns Kinder. Wenn Oma einen Stollen backen wollte, dann war sie auf das Päckchen der Westverwandtschaft angewiesen. Nur so kam sie an Orangeat, Rosinen und Zitronat heran. Und wenn Tante Rosi aus Köln noch an das Lametta gedacht hatte, dann war Weihnachten gerettet. Denn in Ostdeutschland gab es nur sauerkrautähnliches Lametta.

Weihnachten zu Hause mit Dresdener Stollen und Erzgebirgsnussknacker.

Die edlen westlichen Stanniolfäden bewiesen mehr dekoratives Hängevermögen. Schön sorgfältig lasen wir die Silberstrippen einen Tag nach Neujahr vom Baum, um sie im nächsten Jahr wieder zu verwenden.

Vor Weihnachten mussten unsere Eltern viel in die Geschäfte rennen, um alles zum Fest im Haus zu haben. Gute Beziehungen zu HO- und Konsumverkäuferinnen waren Gold wert. Nur so lagen am Weihnachtsabend Wiener im Naturdarm statt in Plastikpelle neben dem traditionellen Kartoffelsalat auf unseren Tellern. Alles, was mit Weihnachten zu tun hatte, war Mangelware: Baumkerzen, Weihnachtsbaumständer oder Weihnachtsbäume. Wir beobachteten skeptisch am Vormittag des 24. Dezember, wie unser Vater, mit Handbohrer und Bindfaden bewaffnet, versuchte, aus zwei Kiefernstrünken einen stattlichen Weihnachtsbaum zu zaubern. Doch all die Aufregung vermochte es nicht, uns das Weihnachtsfest zu vermiesen. Für uns Knirpse war es großartig, wenn endlich die Lichter am Weihnachtsbaum leuchteten. Der rot bemäntelte Weihnachtsmann mit weißbärtiger Papplarve vorm Gesicht brachte unsere heiß ersehnten Geschenke: eine Puppe, die sprechen konnte oder ein Polizeiauto mit Fernsteuerung. Der Weihnachtsmann packte noch mehr Geschenke aus dem Sack, zum Beispiel eine „Magische Tafel", eine mechanisch bediente Zeichentafel mit Löschfunktion oder einen „Stereomat", womit man 2-D-Bilder mit verschiedenen Märchenmotiven betrachten konnte. In großer Runde tafelten wir an den folgenden Feiertagen all die Leckerbissen, die die Großen erjagt hatten. Im Fernseher liefen die herrlichen russischen Märchenfilme mit Hexe Baba Jaga, Väterchen Frost und Gerippchen Unsterblich. Oder DDR-Chefindianer Goijko Mitic kämpfte gegen üble Schurken. Den Oberbösewicht gab meist Rolf Hoppe. Die Erwachsenen sahen sich die Kultsendung „Zwischen Frühstück und Gänsebraten" an.

Seit die Sowjetunion Ende der 1950er einen Sputnik ins Weltall gesendet hatte, brach im Kalten Krieg ein Wettstreit der Supermächte UdSSR und USA aus. Jeder wollte dem anderen beweisen, dass er der stärkere im All sei. Millionen an Dollars oder Rubel fließen in Raumfahrtprogramme. In den 1960ern sieht es so aus, als ob die Sowjets die Nase vorn hätten.

Der Kosmonaut Juri Gagarin umkreist als erster Mensch die Erde. Doch als am 20. Juli 1969 Fernsehsender in aller Welt von der Mondlandung der Landfähre „Eagle" auf dem Mond berichten, ist den Amis ein Coup gelungen, als Astronaut Armstrong den Mond betritt. Er sagt: „Das ist ein kleiner Schritt für einen Menschen, aber ein großer Sprung für die Menschheit."

Hofkinder

Wir Kinder spielten draußen und ohne ständige Elternaufsicht. Sie steckten ab und zu den Kopf aus dem Fenster und ermahnten uns. Später riefen sie das schreckliche „Hochkommen, Abendessen". In Höfen und auf Spielplätzen versammelten sich jeden Tag kleine Kindermeuten. Wir spielten Hasche und Verstecken. Im Sandkasten ließen wir Indianer- und Cowboyfiguren miteinander kämpfen. Zwischen Wäschepfosten spannten wir Wäscheleinen in Kopfhöhe

Mit dem Tretauto umherbrausen.

und behängten sie mit
Decken. Fertig war die Bude
zum Hineinkuscheln. Im Hof
standen Teppichklopfstan-
gen. Unter ihnen befanden
sich Aschegruben für die
Kohlenasche der Woh-
nungsöfen. An den Müllton-
nen baumelten silberne
Müllmarken, die uns verlock-
ten, daraus einen Silber-
schatz einzusammeln.
Welch Ärger gab es dann
mit der Hofgemeinschaft,
wenn die Müllmänner wegen
der fehlenden Marken ihren Dienst verweigerten. Dann brachten wir unseren
Schatz kleinlaut zurück. Manchmal spielten wir alle zusammen Ballspiele wie
„Halli-Hallo" oder kickten um die Wette. In die Hoferde zeichneten wir Kreise
und Dreiecke und hüpften „Himmel und Hölle". Kreisspiele wie „Eins, zwei, drei
ins faule Ei" oder „Armer schwarzer Kater" waren bei uns Hofkindern sehr
beliebt. Sollte es mal regnen, spielten wir im Treppenhaus weiter. Wir rutschten
auf dem Bauch die Treppengeländer runter oder hoppelten mit dem Hinterteil
die steilen Holztreppen hinab.

Zu Besuch im Märchenland

Punkt zehn vor sieben saßen wir vor der Röhre. Das Sandmännchen war
Pflichtprogramm. Das freundliche Männchen mit weißem Kinnbart und schwar-
zen Knopfaugen kam immer pünktlich. Es vergaß nie sein Traumsandsäckchen.

4. bis 6. Lebensjahr

Es besaß einen beneidenswerten Fuhrpark: Traktor, Straßenkehrmaschine, Lok, Schneepflug, Postkutsche und Mondlanderaupe. Wie gern hätten wir einmal mit dem Sandmann getauscht. Es schien eine Sonderreisegenehmigung zu besitzen. Wie wäre es sonst nach Vietnam, zu den Eskimos, auf den Mond oder gar zu Dornröschens Schloss gekommen? Der kleine Kerl war ein Tausendsassa. Er ritt auf dem Kamel durch die Wüste, konnte Hubschrauber fliegen, Ballons lenken und mit Pferden oder Schlittenhunden kutschieren. Manchmal kam er auch zu Fuß. Wenn er endlich am Ziel war, in irgendeinem Heim auf der Welt, dann stand dort ein Fernseher. Den knipste uns das Sandmännchen an und zeigte einen Kurz- oder Trickfilm. Dann erzählte Frau Puppendoktor Pille mit der großen runden Brille aus ihrer Puppenkindersprechstunde. Tadeusz Punkt mit Hündchen Struppi malte uns eine Geschichte. Danach streute der Sandmann seinen Traumsand in Richtung Mattscheibe. Wir hielten uns zwar die Augen zu, aber der Traumsand schwebte auf wundersame Weise aus dem Fernseher heraus. Er war so fein, dass er durch unsere Finger hindurchrieselte. Wenn wir uns die Augen rieben, knirschte es ein wenig. So mussten wir immer nach dem Sandmann ins Bett.

Am Wochenende durften wir länger fernsehen und uns unsere Lieblingssendung einstellen. Immer sonntags um halb vier am Nachmittag waren wir „Zu Besuch im Märchenland", den „Meister Nadelöhr" moderierte.

Das Fernsehsandmännchen begleitete uns jeden Tag, sogar beim Fotografen.

Er sah mit seinem Spitzbart aus wie das tapfere Schneiderlein. Der Meister saß auf dem Tisch und zupfte auf seiner Elle Kinderlieder. Danach kam ein Puppentrickfilm. Im Märchenwald wohnten der Kobold Pittiplatsch und die Ente Schnatterinchen, Herr Fuchs und Frau Elster, die Katze Mauz und der Hase Hoppel, die Igelfamilie mit Kind Borstel und Frau Igel sowie der weise Onkel Uhu. Manchmal waren die Märchenwaldfiguren zu Gast beim täglichen Abendgruß des Sandmännchens. Der freche Pittiplatsch besaß auch Verwandte im Koboldland. Mit seiner Omama, die in einer Kaffeekanne wohnte, und seinen Freunden Nickeneck und Drehrumbum erlebte unser Lieblingskobold verrückte Abenteuer. Leider besuchte Pittiplatsch seine durchgeknallten Verwandten nur zu Weihnachten. Wir erinnern uns noch heute an den Ohrwurm: „Ich bin der Drehrumbum, der Drehrumbum, der Runde. Ich drehe alles um ..." oder an den Spruch: „Nickeneck, ach du Schreck! Da bleibt mir glatt die Spucke weg!"

Wolkenschaf und Ameise Ferdinand

Unsere Eltern lasen uns beim Zu-Bett-Gehen Geschichten vor. Die Haus- und Kindermärchen der Gebrüder Grimm kannten wir in- und auswendig, aber auch slawische Volksmärchen. Aus dem Kinderbuchverlag Berlin stammten solche Vorleseklassiker für Vorschulkinder wie „Bei der Feuerwehr wird der Kaffee kalt", „Das Wolkenschaf" oder „Ferdinand der Stier". Aber auch tschechische Kinderbücher waren bei uns beliebt. Gern lauschten wir den Abenteuern von Ferdinand Ameise oder vom Kater Schnurr mit den blauen Augen. Ebenso Kinderbuchklassiker wie „Das große Wilhelm-Busch-Buch" oder der „Struwwelpeter" wurden uns an der Bettkante vorgetragen. Den Struwwelpeter gab es sogar in einer Ostversion. Die Akteure hießen bockiger Martin, fernsehkranker Frank oder faule Angelika.

Schreiben lernen
und trainieren

Wer hat die größte Zuckertüte?

Der Schulanfang war in der DDR ein
großes Familienfest. Am 1. September
brachten uns unsere Eltern mit nagel-
neuen Sachen, gewienerten Schuhen und
frisch gekämmten Haaren zu unserer
neuen Schule. Das war die zehnklassige
polytechnische allgemeinbildende
Oberschule, kurz POS genannt. Nach der
Schulanfangsfeier, bei der ältere Grund-
schüler vortanzten, sangen und Gedichte
vortrugen, lernten wir unsere Lehrerin im

Chronik

9. März 1972
Die Volkskammer beschließt ein Gesetz, das den Schwangerschaftsabbruch in der DDR erlaubt.

26. August – 11. September 1972
Die DDR nimmt erstmals mit einer eigenen Mannschaft an den Olympischen Sommerspielen in München teil. Überschattet wird die Olympiade von der Geiselnahme von elf israelischen Sportlern durch palästinensische Terroristen. 17 Menschen kommen dabei ums Leben.

21. Dezember 1972
Unterzeichnung des Grundlagenvertrages über die Beziehungen zwischen BRD und DDR.

29. April 1973
Im Ostberliner Kino „Kosmos" feiert „Die Legende von Paul und Paula" Premiere. Den Ostkultfilm mit Winfried Glatzeder und Angelica Domröse nach dem Buch von Ulrich Plenzdorf sehen 1,7 Mio. Menschen im Kino. Die Filmmusik spielen die Puhdys.

21. November 1973
Der einmillionste Trabant läuft in Zwickau vom Band.

19. Dezember 1973
DDR-Bürger dürfen mit Devisen in „Intershops" einkaufen.

22. Juni 1974
Deutschland gegen Deutschland: Bei der Fußball-WM in Westdeutschland treffen DDR und BRD zum einzigen Länderspiel aufeinander. Jürgen Sparwasser schießt das 1:0-Siegestor für die DDR im Hamburger Volksparkstadion. Die BRD wird trotzdem später in München Weltmeister.

1. Januar 1975
Wegen Papiermangel stellen alle DDR-Zeitungen ihre Sonntagsausgabe ein.

30. April 1975
Der Vietnamkrieg endet mit der Einnahme Saigons durch nordvietnamesische Truppen.

15. Dezember 1975
Der DDR-Spion Günter Guillaume wird in Düsseldorf zu 13 Jahren Haft verurteilt.

Stolz und Aufregung mischten sich an unserem ersten Schultag.

neuen Klassenraum kennen. In den kommenden Monaten hingen wir an ihren Lippen, sie machte alles richtig. Wir verkündeten der Mutter zu Hause: „Aber Frau Meier hat gesagt ...“

Doch bevor es so weit war, pflückten wir am Baum vor der Schule unsere Zuckertüte ab. Sie war groß und schwer, dass wir sie kaum tragen konnten. Zu Hause machten wir sie schnell wieder leicht, als wir alle Süßigkeiten wegnaschten.

Von nun an tippelten wir jeden Tag zur Schule, noch ungewohnt mit schweren Lederschulranzen. Vor dem Klingeln mussten wir da sein, sonst gab es einen Eintrag ins Ordnungsheft. Im Schulgebäude roch es nach geölten Holzfußböden, ein Geruch, den wir später immer mit Schule verbanden. Die meisten Mitschüler unserer ersten Klasse kannten wir schon aus dem Kindergarten. So fiel uns der Schulstart nicht schwer.

Neben Pioniernachmittagen feierten
wir Klassenfeste wie Fasching.

Mit blauem Halstuch

Bald nach der Einschulung nahm uns die
Pionierorganisation „Ernst Thälmann" in ihre
feste Umarmung. Sie gründete sich in den
1950er-Jahren nach sowjetischem Vorbild.
Eingetreten ist fast jeder. Bei der Aufnahme-
feier legten wir ein feierliches Gelöbnis ab.
Ältere Pioniere banden uns das blaue Halstuch um und überreichten den Pionieraus-
weis. In dem hellblauen Pappkärtchen mit
unserem Passfoto standen die Gebote der
Jungpioniere. Wir gelobten: „Ich verspre-
che, ein guter Jungpionier zu sein." Das
war unser großes Indianerehrenwort für die
DDR. Wir waren wirklich stolz, von nun an
Teil eines großen Stammes zu sein. Das

©DDR Museum, Berlin

Unser Pionierauftrag musste
immer erfüllt werden.

Angenehme am Pioniersein war die Gemeinschaft. Das Unangenehme waren
Fahnenappelle auf dem Schulhof. Dafür mussten wir in vollständiger Uniform
antreten mit blauem Rock oder Hose, weißer Pionierbluse mit Pionieremblem

am Ärmel, blauem Käppi und Pionierhalstuch. Seit wir Pioniere waren, grüßte uns die Lehrerin jeden Morgen statt „Guten Morgen" mit „Seid bereit" und wir erwiderten „Immer bereit". Ab jetzt trafen wir uns regelmäßig nach der Schule zum Pioniernachmittag. Jeder musste sich zu etwas verpflichten. Zum Beispiel Altpapier und Flaschen sammeln und das eingenommene Geld für Vietnam spenden. Oder wir gingen in die Volkssolidarität zu den Omis und Opis und schenkten dort am geselligen Nachmittag Kaffee aus und verteilten Kuchen. In der vierten Klasse tauschten wir das blaue Halstuch gegen ein rotes. Jetzt waren wir nicht mehr so stolz, Thälmannpioniere zu sein. Wir begannen, unseren Alltag in eine offizielle und in eine private Welt zu teilen. Offiziell sagten wir, was die Lehrer oder Pionierleiter von uns hören wollten. Privat ohne Halstuch schauten wir Westfernsehen, lasen verbotene Micky-Maus-Hefte vom Westcousin und lästerten über die Frisur der Pionierleiterin.

Werbeaufnahme für Hygieneartikel.

1000 Tele-Tips

Fernsehwerbung hieß in der DDR „Tausend Tele-Tips", kurz TTT. Sie lief seit 1960 zwei- bis dreimal pro Woche im Vorabendprogramm. Sie war der charmante Versuch, Werbung für DDR-Produkte zu machen. TTT warb für Kosmetik wie Florena-Creme und Birkenhaarwasser. Mit „AKA Elektrik – in jedem Haus zu Hause" wollten die „Tele-Tips" zum Kauf von Stabföhnen, Wärmeschuhen oder mobilen Heimsaunen verführen. Die Melodie für ein Kinderschaumbad „Baden mit Badusan, Badusan, Badusan" sangen wir oft in der Badewanne. 1976 setzte der DDR-Ministerrat die Fernsehwerbung ab.

7. bis 10. Lebensjahr

Schulalltag

Schule hieß für uns Ganztagsschule. Von morgens bis nachmittags waren wir im Schulgebäude oder im Hort. 1970 verbrachte die Hälfte der DDR-Schüler ihre Nachmittage im Hort, 1979 waren es schon 70 Prozent. In der Mittagspause gingen wir zur Schulspeisung. Eine Essenmarke kostete 55 Pfennig. Montags kochten die Schulköchinnen meist Eintopf für uns. Makkaroni mit Jägerschnitzel (gebratener Jagdwurst) in Tomatensoße und Eierkuchen mit Apfelmus zählten zu unseren Lieblingsgerichten. In großen Thermosbehältern stand im Speiseraum kostenfreier Tee für uns bereit.

Nach dem Unterricht gingen wir in den Hort. Als Erstklässler mussten wir genau wie im Kindergarten einen Mittagsschlaf auf den altbewährten Klappbetten halten. Nachmittags beaufsichtigten die Hortnerinnen unsere Hausaufgaben. Danach spielten wir, bis uns jemand nach Hause abholte.

Zwei Kinder aus der Klasse waren jede Woche zum Milchdienst eingeteilt. Sie nahmen die Bestellungen an und sammelten das Milchgeld ein. Zur Auswahl standen Viertelliterflaschen mit Milch pur oder mit Geschmack in Vanille, Frucht oder Kakao. In der Frühstückspause schoss der Milchdienst mit einem Holztragegestell los, um die Flaschen bei der Schulmilchstation abzuholen.

Das erste Zeugnis.

Unser Ordnungsheft, ein kleines blaues Heft, war in der ersten Zeit übersät mit Einträgen der Lehrerin wie „Stift nicht angespitzt", „Tintenpatrone vergessen", „Linien nicht vorgezogen" usw. Dafür gab es blaue Punkte. Sammelten sich einige blaue Punkte an, gab es einen Tadel ins Heft. Den mussten die Eltern zu Hause unterschreiben. Die Steigerung des Tadels war der Klassentadel. Wer zum Beispiel in der großen Hofpause zur nahe gelegenen Konsumbäckerei rannte und Gummibärchen kaufte, hatte sich „unerlaubt vom Schulgelände entfernt". Das gab dann den Tadel vor der Klasse. Doch wir wurden auch gelobt. Für besonders schöne Schrift im Heft oder richtige Rechenübungen bekamen wir ein „Bienchen", einen roten Stempel ins Heft.

Nach all unseren Mühen im Unterricht, nach Höhen und Tiefen bekamen wir das Halbjahreszeugnis und schließlich die richtigen „Giftnudeln" zum Schuljahresende. Zur feierlichen Zeugnisausgabe kam ein Vertreter der Patenbrigade zu Gast und belohnte besonders fleißige Schüler mit einem kleinen Geschenk. Die Lehrerin zeichnete die besten Schüler mit dem Abzeichen „Für gute Arbeit in der Schule" aus.

Flimmerkiste

Am Sonntagvormittag sendete das DDR-Fernsehen „Mach mit, mach's nach, mach's besser!". Der sportliche Addi moderierte die Sendung, in der Schulmannschaften in lustigen Wettkämpfen gegeneinander antraten. Gesendete Propaganda war dagegen die polnische Fernsehserie „Vier Panzersoldaten und ein Hund", die seit 1972 über die Mattscheiben flimmerte. Sie spielte im Zweiten Weltkrieg, wo ein Jugendlicher mit seinem Hund zu Panzerbrigaden stieß und mit ihnen zusammen gegen die Deutschen kämpfte. Nur hatten es die Regisseure etwas mit dem Heroismus ihrer Akteure übertrieben. Sie gewannen immer und das kam selbst uns Kindern seltsam vor. Aber es gab auch schöne Serien, zum Beispiel „Der Hengst Karino", auch eine polnische Serie, die auf einem Gestüt spielte. Sonnabends lief innerhalb der Werbesendung „1000 Tele-Tips" auch das „Mini-Kino" mit all unseren Lieblingstrickfilmen wie der polnischen Zeichentrickserie „Bolok und Lolek", dem russischen „Hase und Wolf", dem ungarischen „Arthur der Engel" und dem tschechischen „Der kleine Maulwurf".

Außer Raum Dresden

ARD hieß in der DDR „Außer Raum Dresden", denn die Sachsen im Dresdner Talkessel und weiter östlich in der sächsischen Schweiz bekamen keine Westsender auf ihre Antennen. Sie wohnten im „Tal der Ahnungslosen". Doch wer Westfernsehen gucken konnte, blieb teilweise auch ahnungslos. ARD- und ZDF-Sendungen erschienen verrieselt und mit kleinen weißen Tupfen auf dem Bildschirm. Manchmal hatten wir auch gar keinen Empfang. Das war schade, denn der Westen besaß das beliebtere Programm. Uns und unsere Eltern interessierten die Nachrichtensendungen, die aus aller Welt berichteten. Ganz anders als die steifen Ostnachrichten der „Aktuellen Kamera", im Volksmund auch „Aktuelle Kurbelwelle" genannt. Um Westen zu schauen, war die Selbst-bauantenne auf dem Dach in Richtung Ochsenkopf ausgerichtet, einem Berg im Fichtelgebirge. So schauten wir genauso wie die Gleichaltrigen in der Bundesrepublik die Trickfilme „Schweinchen Dick", den rosaroten Paulchen Panther, Bonanza und Pippi Langstrumpf. Vorausgesetzt, es gab Empfang.

Fit wie ein Turnschuh

„Sport frei" hieß es zu Beginn unseres Sportunterrichts. Schulsport war nur eine kleine Facette des Sports in der DDR. Spätestens in der zweiten Klasse kamen Sportärzte in den Turnunterricht und untersuchten, ob unsere Körpermaße für den DDR-Leistungssport taugten. Wer recht groß gewachsen war oder den Sportfunktionären aus anderen Gründen geeignet schien, bekam eine Einladung

Medaillen von der Kinder- und Jugendspartakiade.

©DDR Museum, Berlin

Die verhassten Turnschuhe, für ein Essensgeld in der Spowa zu erwerben.

Im Trainingszentrum wurden die Spitzen-
Radsportler der DDR herangezogen.

für das Trainingszentrum (TZ), in denen für Olympia trainiert wurde. Wer es durchhielt, jedes Wochenende zu Wettkämpfen zu fahren, dem winkten Medaillen und Ehrungen. Die talentiertesten Sportler wurden von den TZ zur KJS delegiert. Diese Kinder- und Jugendsportschule war die Talentschmiede für erfolgreiche DDR-Spitzensportler. Der Stundenanteil für Sport- und Trainingseinheiten war hier gegenüber dem regulären Unterricht sehr hoch. Nur die Kinder hielten durch, die Spitzenleistungen erbrachten. Zum 66er Jahrgang gehören so herausragende Sportlerinnen wie Gunda Niemann, erfolgreichste Eisschnellläuferin aller Zeiten oder die Schwimmerin Kirstin Otto.

Neues Auto und Russenbenzin

Kein himmelblauer Trabant wie im DDR-Schlager, sondern ein moosgrüner Shiguli war unser erstes Familienauto. Als ich in der vierten Klasse war, stand eines Tages der blitzende Neuwagen vor unserer Tür. Das Modell Shiguli hieß später Lada. Auf den Pkw aus sowjetischer Produktion brauchten meine Eltern nicht so lange zu warten wie auf einen begehrten Trabi oder Wartburg. Endlich konnten wir an den Wochenenden mit dem Shiguli ins Grüne fahren, oder damit in den Urlaub reisen. Das Auto besaß vier Türen, eine komfortable Gangschaltung vorn zwischen den Fahrersitzen und nicht wie beim Trabi am

Lenkrad. Autos wurden sehr alt in der DDR. Sie verdanken es der guten Pflege ihrer Besitzer und dem Unterstellen in der DDR-üblichen Garagengemein- schaft. Unsere mit rund 50 Einstellplätzen für die lang ersehnten und teuer erstandenen Skodas, Trabis und Wartburgs lag gegenüber einem sowjetischen Truppenübungsplatz. Soldaten mit höheren Dienstgraden kamen oft hinüber zu den Pkw-Besitzern, die am Wochenende ihre Schmuckstücke putzten und polierten. Sie boten ihnen illegal ihr „Russenbenzin" an. Das hatten sie von der Roten Armee „abge- zweigt", um sich für das Geld Wodka kaufen zu können oder um es in die Heimat zu schicken. Unser gepflegter Shiguli überstand das Fahren mit beigemischtem Russenbenzin problem- los bis zur Wende.

Ein nagelneuer Shiguli.

Laubenpieper

Viele von uns zogen dank des beschlossenen Wohnungsbauprogramms der SED in einen Neubau um. In den neuen Plattenbausiedlungen wuchs kaum Grünes. So war die Sehnsucht der Bewohner nach einem Zweitwohnsitz im Grünen groß.

Die DDR war ein Kleingartenparadies. Jede fünfte Familie besaß einen eigenen Garten. Viele unserer Familien richteten sich im Sommer dauerhaft in der Laube ein. Wer seine kleine Datsche selbst baute, brauchte Beziehungen und gute Nerven, denn Baumaterial und Geld waren knapp. Wir Kinder muss- ten beim Bau mit ran. So schleppten wir Ziegelsteine, beaufsichtigten die kleineren Geschwister und verbrachten unzählige Wochenenden auf der Laubenbaustelle. Aber wenn das Häuschen dann stand, gab es viel zu feiern.

Rückzug in die private Gartenidylle mit Hollywood-schaukel und Obstanbau.

Grillabende in der Gartenkolonie und Kinderfeste ließen uns die Mühen vergessen. Mit dem eigenen Garten waren unsere Familien unabhängig vom schlechten Obst- und Gemüseangebot der Kaufhalle. Jetzt kamen unsere Gurken und Tomaten aus dem Frühbeet und frische Erdbeeren pflückten wir selbst. Mit Einkochen und Einfrosten der eigenen Ernte legten unsere Mütter Vorräte für den Winter an.

Die Ära Honecker

Im Mai 1971 liebt das Volk SED-Chef Walter Ulbricht schon lange nicht mehr. Seine Genossen in Moskau schassen ihn. Ulbricht tritt „aus Altersgründen" zurück. Das Zentralkomitee (ZK) der SED bestimmt Erich Honecker zum Nachfolger. Die Ära Honecker beginnt. Er will die wirtschaftliche Misere im Land überwinden und erklärt die „weitere Erhöhung des materiellen und kulturellen Lebensniveaus des Volkes" zum politischen Ziel seiner SED. Eine Reihe sozialpolitischer Maßnahmen folgen, wie niedrige Mieten, Kindergeld, Rentenanhebung. Ab Mitte der 1970er beginnt das größte Wohnungsbauprogramm der DDR. Nach Ulbrichts Tod 1973 lockert der Staat seinen Umgang mit der Jugend. Es gibt keine Verbote westlicher Musik mehr, die

Ulbricht geht, Honecker kommt.

Haare dürfen länger getragen werden und die Mode wird freizügiger. Leider geht die Hoffnung bald verloren. Die nette Sozialpolitik kann die DDR-Wirtschaft nicht gegenfinanzieren. Am Ende sollen westliche Milliardenkredite das System retten, ruinieren es dagegen. Am Ende der Ära Honecker 1989 ist auch die DDR am Ende.

Ferienlager, Feiern, Freundschaft

Ferienlager oder Klassen-
fahrt – immer ein Abenteuer.

Pionier- und Ferienlager

In den Sommerferien
fuhren wir ins Ferienlager.
Das organisierte der
Betrieb unserer Eltern, die Pionierorganisation oder die Schule. Im
Zug oder Bus reisten wir einer fernsehlosen, dafür aber abenteuerlichen Zeit
entgegen. Im Ferienlager angekommen, unterteilten uns die Betreuer in
Gruppen. Sie wiesen uns unsere Schlafbaracken zu, in denen wir in Vier- bis
Achtbettzimmern in Doppelstockbetten schliefen.

In der Ferienlagerzeit gingen wir baden, wandern oder saßen am Lagerfeuer.
Wir bummelten durch Städte und gingen ins Kino. Viele neue Freundschaften

Chronik

25. April 1976
Der Palast der Republik wird in Ostberlin der Öffentlichkeit übergeben.

24. Mai 1976
Die Mitglieder des IX. Parteitags der SED beschließen das umfangreichste Wohnungsbauprogramm der DDR. Motto: „Bis 1982 jedem eine Wohnung und bis 1986 jedem seine Wohnung." Nach dem Parteitag sorgt die neue Sozialpolitik für junge Familien mit Kindern.

18. August 1976
Aus Protest gegen die Kirchenpolitik der DDR-Regierung verbrennt sich der evangelische Pfarrer Oskar Brüsewitz auf dem Marktplatz in Zeitz.

16. November 1976
Ausweisung Wolf Biermanns aus der DDR während einer Konzertreise im Westen.

1. Januar 1977
Regimekritiker gründen in Prag die „Charta 77", eine Petition gegen kommunistische Menschenrechtsverletzungen.

5. September 1977
Die RAF entführt den westdeutschen Arbeitgeberpräsidenten Schleyer. Am 18. Oktober wird er ermordet.

13. – 17. Oktober 1977
Entführung einer Lufthansamaschine in Mogadischu (Somalia) durch RAF-Terroristen. Die Spezialtruppe GSG 9 vom Bundesgrenzschutz befreit die Geiseln im Flugzeug. Die nicht freigepressten RAF-Terroristen Andreas Baader, Gudrun Ensslin und Jan-Carl Raspe begehen in der JVA Stammheim Selbstmord.

27. August 1978
DDR-Kosmonaut Sigmund Jähn fliegt als erster Deutscher ins All.

16. Oktober 1978
Karol Wojtyla wird als erster Pole zum Papst gewählt.

16. September 1979
In einem selbst gebauten Heißluftballon gelingt zwei Familien in Thüringen die Flucht über die Grenze nach Bayern.

25. Dezember 1979
Sowjetische Truppen marschieren in Afghanistan ein.

©DDR Museum, Berlin

Die perfekte Camping-Ausrüstung.

wurden geschlossen und mancher erste Kuss nach der Lagerdisko geküsst. Besonders beliebt waren Nachtwanderungen mit Taschenlampe. Hinter jedem Knacken und Rascheln vermuteten wir gefährliche Raubtiere wie Wildschweine oder gar Bären. Schlotternd und mit Herzklopfen überstanden wir die Mutprobe.

Sport und Spiel waren unsere Tagesbeschäftigung. Wir kämpften Tischtennismatches im Einzel, Doppel und Chinesisch aus. Chinesisch hieß, dass viele Spieler reihum liefen und nur einmal an den Tischtennisball schlugen. Viel zu schnell kam der Abschlusstag im Freibad, wo wir beim Neptunfest im Nixen- und Wassermannkostüm alle Erzieher kräftig einseiften. Übernächtigt und heiser kamen wir vom ersten Ferienlagerabenteuer zu Hause. Zur Verwunderung unserer Eltern oft nicht ansprechbar, denn der erste Liebeskummer trübte die Wiedersehensfreude.

Ausweisung Wolf Biermanns

Die DDR-Nachrichtenagentur ADN meldet am 16. November 1976, dass dem Dichter und Sänger Wolf Biermann mit „seinem feindseligen Auftreten" gegenüber der DDR „der Boden für die weitere Gewährung der Staatsbürgerschaft entzogen wurde". Zuvor ist Biermann auf einem Konzert in Köln vor westdeutschen Gewerkschaftern aufgetreten. Die DDR will den aufmüpfigen Sänger ausbürgern. Doch er bekennt sich zur DDR und hofft auf seine Rückkehr. Die Ausbürgerung wider Willen löst eine Welle der Empörung in West und Ost aus. Im Osten mit Folgen. Bekannte Schriftsteller wie Christa Wolf verfassen ein Protestschreiben an die Regierung, dem sich viele Schauspieler, Intellektuelle, Arbeiter und Studenten anschließen. Die DDR-Medien berichten dagegen von der angeblich überwiegenden Zustimmung im Land zur Biermann-Ausbürgerung. Mit dem Biermann-Rausschmiss entsteht eine Kluft zwischen Staat und Bevölkerung, mit der die SED-Regierung nicht gerechnet hat. Sie lässt sich nie mehr schließen. Viele Künstler folgen Biermann in den Westen, darunter Manfred Krug, Angelica Domröse, Hilmar Tathe, Armin Müller-Stahl sowie Nina und Eva-Maria Hagen.

Zu Haus wurde gern gefeiert.

Feten und Feiertage

DDR-Bürger feierten gern. Einen Anlass gab es immer. Die Erwachsenen trafen sich mit Arbeitskollegen zu Brigadefeiern in Gärten oder zum gemeinsamen Kegeln. Neben den offiziellen Feiertagen gab es eine unendliche Liste an Ehrentagen. Jeder Berufszweig besaß seinen eigenen Ehrentag. Wer weiß heute noch, wann der Tag des Werktätigen des Post- und Fernmeldewesens oder wann der Tag der Jugendbrigaden begangen wurde? Ein unangenehmer offizieller Feiertag war der 1. Mai. Ums Demonstrieren kam keiner herum. Es war ein Muss, das von den Betrieben und sogar von den Schulen überwacht wurde. Wer nicht teilnahm, konnte mit Nachteilen rechnen. Dabei sollte es doch ein „Feier"-Tag für alle Werktätigen sein. Doch der Zwang vermieste die Feierlaune und das Vorbei-

„Winkelement": wichtigstes Utensil für die Maidemonstration.

Eine Zeichnung zum Frauentag am 8. März für Mutti.

marschieren an der Parteitribüne. In der Schule bastelten wir mit Draht, grünem und rotem Krepp-Papier unsere Mainelken, die wir zur Demonstration tragen sollten. Je älter wir wurden, umso mehr wuchs die Unlust auf diese Mai-demos. Wenn wir endlich nach den peinlichen Winkübungen an der Tribüne vorbei waren, gab es in den Parks und auf Plätzen rote Fassbrause, Bockwurst oder Suppe aus der Gulaschkanone.

Wir Kinder feierten unseren Kindertag am 1. Juni ganz groß auf dem Schul-hof. Aus dem Lautsprecher sang Schlagersänger Frank Schöbel: „Komm, wir malen eine Sonne." Am 12. Juni, dem Tag des Lehrers, gratulierten Schüler ihren Lehrern mit Blumensträußen. Es soll freche Schüler gegeben haben, die Distelsträuße überreichten.

„Ham wer nicht"

Je älter wir wurden, umso mehr bekamen wir mit, dass Einkaufen ein schwieri-ger Job war. Am besten, wir hatten immer ein Einkaufsnetz oder den berühm-ten Dederon-Beutel dabei. Denn so konnten wir uns spontan an eine Schlange anstellen, die uns vielleicht Bananen ergattern ließ. Wir liefen jeden Mittwoch zum Haushaltswarenladen, um zu fragen, ob denn ein Kirschenentsteiner eingetroffen wäre oder ab wann man mit Patronen für den Sahnesiphon rechnen könne. Die Verkäuferin schüttelte meist den Kopf und sagte: „Ham wer nicht." Ein alter DDR-Witz lautet: „Warum sollte in jedem Gemüsegeschäft ein Polizist stehen? Damit wenigstens etwas Grünes im Laden ist." Gab es irgend-wann doch einmal Apfelsinen oder Spargel, dann war das rationiert.

Deshalb bekamen wir oft den Auftrag, uns mit in die Schlange zu stellen. Dabei sollten wir uns so verstellen, als ob wir die Geschwister und Oma nicht kannten, die ebenfalls mit anstanden. Mit der Taktik gelang es, mehr als eine Pro-Kopf-Ration von 500 g zu erstehen.

1977 kam es zur Kaffeekrise in der DDR. Preissteigerungen auf dem Weltmarkt führten zum Rückgang an Importen für Kakao und Kaffee. Wie wir mitbekamen, schimpften unsere Eltern, weil das Viertelpfund „Rondo" nun doppelt so viel kostete. Es tauchte eine neue Kaffeesorte auf: der „Kaffee-Mix". Das war gestreckter Bohnenkaffee, eine mutige Mischung von Kaffeebohnen und Roggenextrakt. „Erichs Krönung", wie unsere Eltern spöttisch die silberne Tüte nannten.

Wenn irgendwo eine Menschenschlange war, gab's etwas Besonderes zu kaufen.

Intershop und Delikat – die wunderbare Warenwelt

Nirgends in der DDR roch es so gut wie im Intershop. Ein Konglomerat aus Düften von Seife, Schokolade, Waschmittel, Parfüm und Kleidung umwehte die Nase. Vielleicht verklärten wir den Geruch, weil es in diesem Laden alles gab, was unser Herz begehrte: Jeanshosen, Kaugummi, Taschenrechner, lösliches Kakaopulver, gut riechenden Kaffee für die Eltern, hochwertige Magnetband-kassetten für den Rekorder. Eigentlich hat die DDR diese Läden eingerichtet, damit Ausländer aus kapitalistischen Ländern dort gegen Devisen einkauften. Die meisten Intershops befanden sich deshalb in Interhotels. Doch mit der immer schlechter werdenden Versorgung der Bevölkerung war auch der Bedarf bei den Ostbürgern gewachsen, sich per D-Mark einen Wunsch zu erfüllen. An die harte Währung zu kommen war jedoch mühsam. Wer keine zahlungskräftige Westverwandtschaft hatte, versuchte schwarz zu tauschen. Für zehn Mark Ost gab es eine D-Mark. Begehrte Handwerker für den privaten Bedarf, wie Fliesenleger oder Dachdecker, ließen sich ihre Rechnung gern zum Teil in Westmark bezahlen. Wir sparten unser Westgeld von Verwandten oder der Oma, die in die Bundesrepublik reisen durfte, so lange, bis es für eine Jeans für 40 DM reichte.

Ab 1979 durften die DDR-Bürger nur noch mit Forum-Schecks im Intershop bezahlen. Doch die künstliche Währung half nicht. Die Ostdeutschen bezahl-ten weiter mit D-Mark, nur Wechselgeld bekamen sie nicht in Pfennigen zurück, sondern in Form von kleinen Schokoladentäfelchen.

1976 führte der Staat die Delikatläden ein. Hier konnten die Bürger zu überhöhten, um nicht zu sagen Wucherpreisen, Lebensmittel einkaufen. Die Waren kamen aus der sogenannten Gestattungsproduktion. Es wurde Westun-ternehmen „gestattet", ihre Waren in ostdeutschen Betrieben zu produzieren. Davon musste ein kleiner Teil der Waren in der DDR bleiben und durfte hier verkauft werden.

Im Delikatladen kostete die Büchse Pfirsiche 7,50 Mark, die Dose Kakaogetränk Trink-Fix 8,00 Mark und eine Tafel Westschokolade 7,00 Mark aufwärts. Dauerhaft leisten konnte sich das keiner. Wir steuerten den Delikatladen nur bei größeren Familienfeiern an oder um lösliches Kakaopulver zu kaufen.

Die alten Serien der Mosaikhefte von Hannes Hegen waren sehr beliebt.

AM FUSS DER ROCKY MOUNTAINS

Sammelleidenschaften

Was haben wir nicht alles gesammelt: Postkarten, Briefmarken, Kaugummibilder, Bildchen aus der Creck-Schokolade, Fußballbilder aus der Sprengel-Schokolade, Poster oder Comic-Hefte wie Atze oder Mosaik. Kaugummibilder sammeln war schwierig, weil die meisten Sammelbilder aus dem Westen stammten. Es gab nur eine Kaugummisorte in der DDR mit Sammelbildchen: Big Babaloo mit den Geschichten mit Otto und Alwin.

Comic-Hefte aus dem Westen galten als „Schund- und Schmutzliteratur". In der Schule durften wir uns damit nicht erwischen lassen. Und so schauten wir uns die Sprechblasen von Donald Duck, Micky Maus und der Panzerknackerbande zu Hause an. Der beste Ost-Comic war das „Mosaik". Die Hefte boten anspruchsvolle Lektüre. Ihre Titelhelden hießen Dig, Dag und Digedag, kurz die Digedags. Zu unserer Zeit kamen die Mosaikhefte mit Nachfolgern, den Abrafaxen in die Läden. Unser „Mosa" musste immer am Kiosk abgepasst werden, sonst war es ausverkauft.

Die Abrafaxe aus dem „Mosaik", auch heute noch beliebte Comicstars.

Alles Kino

Überall gab es Kinos, in jeder Kreisstadt, auf Campingplätzen oder ein Zeitkino im Hauptbahnhof. Gezeigt wurden DEFA-Produktionen und Filme aus anderen sozialistischen Ländern, aber auch einige Kassenschlager aus dem Westen. Wir gingen gern ins Kino. Ohne Personalausweis kamen wir nur in die Nachmittagsvorstellungen. An den Schaukästen am Kinogebäude studierten wir die Plakataushänge nach Filmen, die für unsere Altersklasse zugelassen waren. Zu unserer Zeit gab es weder Popcorn, Eis noch Getränke im Kinosaal. Nur den puren Sehgenuss. Bevor es dunkel wurde, schallte aus den Lautsprechern Werbung für den örtlichen Schallplattenladen, der „spritzige Operettenmelodien" anpries. Dann wurde es dunkel und statt der heutigen Werbung mussten wir die Propaganda der DEFA-Wochenschau „Augenzeuge" in Schwarz-Weiß über uns ergehen lassen. Dann begann endlich der Hauptfilm. So suchten wir mit dem kleinen Jungen auf der Kinoleinwand nach dem schwedischen Troll „Dunderklumpen". Wir verfolgten die spannenden Abenteuer der polnischen Kinder Stas und Nel, die „Durch Wüste und Dschungel" reisten. Das waren alles wunderbare Kinderfilme, doch wenn auf dem Spielplan die dänische Olsenbande auftauchte, dann war der Kinosaal ausverkauft. Planten sie einen neuen Coup, standen wir uns vor dem Kino die Beine in den Bauch. Egon, Kjeld und Bennie waren sympathische Verlierer, mit denen wir uns identifizierten. In unsere Alltagssprache schlichen sich ihre Filmsprüche wie „mächtig gewaltig, Egon" oder „huhrrie huhrrie" (vom falsch ausgesprochenen englischen hurry hurry) oder „Das fetzt" ein.

Modeprobleme

Wer will schon die Frisur von Mireille Matthieu? Wir mussten sie tragen! Die Rede ist von der Schüttelfrisur. Egal, ob sie uns stand oder nicht – der Pagenkopf musste laut Frau Mama sein. Neben der Schüttelfrisur machten wir alle Modetrends der Siebziger mit. Wir trugen Hotpants, die kurzen Hosen. Dazu hatten wir Clogs an den Füßen, die im Osten „Holländerlatschen" hießen. Lange Hosen trugen wir mit Schlag. Nur war es in der DDR nicht einfach, mit der Mode mitzuhalten. Viele Stücke unserer Garderobe wurden privat

Mit Hotpants und Clogs auf dem Kinderfest.

geschneidert, weil es nur Ladenhüter zu kaufen gab. Kreativ waren wir beim Gestalten unserer Nickis, wie die T-Shirts hießen. Mit Textilfarbe färbten unsere Mütter Sachen um. Wir nähten uns Aufnäher auf die oft eintönige Jugendmode. Das Hauptproblem waren aber die Jeans. Wir liebten dieses Kleidungsstück, egal, ob Junge oder Mädchen. Dieses Hosenmodell hatte schon eine bewegte DDR-Geschichte erlebt. In den 1960ern als Niethose verboten, kam die Jeans in den 1970ern als Freizeithose in die Ostläden. Doch Jeans wie „Boxer" oder „Wisent" ließen sich nicht mit Westjeans vergleichen. Entweder stimmten die Farbe und Waschung nicht, der Stoff war zu steif oder der Schnitt war unmodisch. Im Regelfall alles gleichzeitig. Deshalb waren wir überglücklich, wenn uns Oma ein paar Scheine Westgeld in die Hand drückte und wir uns im Intershop eine „Wrangler" oder „Levis" leisten konnten. Wir haben die Jeans erst abgelegt, wenn sie fast von den Beinen abfielen. Schließlich brauchte es seine Zeit, bis Oma wieder in den Westen fahren durfte.

Abba, Smokie und City

Mit zwölf oder dreizehn begannen wir, uns für Pop- und Rockmusik zu interessieren. Die Schlager unserer Eltern fanden wir jetzt öde. ZDF-Hitparade und DDR-Schlagerstudio lagen hinter uns. Jetzt schauten wir im Fernseher „Rund", die ostdeutsche Jugendmusiksendung, oder viel besser „Disco" mit Ilja Richter im ZDF. Wenn er rief: „Licht aus. Spot an!", hofften wir auf besonders guten Empfang. Nur so konnten wir die Sendung auf dem Stern-Kassettenrekorder mitschneiden. Wir ärgerten uns, wenn mitten in Harpos „Moviestar" der Fernseher anfing zu knacken und flimmern. Ähnlich schwierig war das Aufnehmen von Hits aus dem Radio. Wir hörten die Hitparade auf Radio Luxemburg nur auf rauschender Mittelwelle. Eine bessere Aufnahmequalität boten die DDR-Radiosender auf UKW. Im Jugendradio DT 64 kam die Sendung „Duett – Musik für den Rekorder" oder auf Stimme der DDR „Luftfracht" mit Sprecher Peter Niedziella. Dort hörten wir unsere Favoriten wie die englischen Bands Bay City Rollers, Smokie, Mud oder die Rubettes. Auch ABBA hörten wir und gingen zu „ABBA – Der Film" ins Kino. Unsere selbst aufgenommenen Kassetten waren eine Alternative zu Schallplatten, denn gute Platten gab es kaum.

Die Puhdys – eine der beliebten DDR-Bands.

Wenn das ostdeutsche Plattenlabel Amiga eine westeuropäische Band auf Rillen presste, dann nur in begrenzter Stückzahl. Dann standen vor den Plattenläden lange Schlangen wie vor dem Fleischer am Wochenende. Ergatterten wir eine Lizenzplatte, dann waren meist nicht die aktuellen Hits drauf, sondern nur ein „Best of". Mit Schallplatten begann ein reger Schwarztauschhandel. Westplatten wurden für 100 Mark Ost und mehr vertickt. Doch es gab auch gute Ostbands. Hits wie „Am Fenster" von City oder „Alt wie ein Baum" und „Geh zu ihr und lass deinen Drachen steigen" von den Puhdys sind bis heute Ohrwürmer.

Flucht im Heißluftballon

Am 16. September 1979 gelingt zwei ostdeutschen Familien mit einem spektakulären Flug im Heißluftballon die Flucht in den Westen. Mit dem Luftgefährt überwinden acht Personen, darunter zwei Kinder, mühelos die verminte und gut bewachte DDR-Staatsgrenze. Sie landen in Bayern. Die Ballonfahrt dauert eine

halbe Stunde. Die Vorbereitungen dafür mussten zuvor streng geheimgehalten werden, weil Ballonsport in der DDR offiziell verboten ist. Auf Republikflucht steht Knast. Der Heißluftballon kann immer noch im Heimatmuseum in der oberfränkischen Stadt Naila besichtigt werden.

Ab der 5.Klasse hatten wir Russischunterricht.

Freundschaft und Freunde fürs Leben

Die deutsch-sowjetische Freundschaft war Staatsdoktrin. Immer wieder hörten wir von der „unverbrüchlichen Freundschaft zu unserem sowjetischen Bruderstaat". Weil uns die Freunde der russischen Sprache so nah am Herzen lagen,

Wer in diesem Büchlein schreibt
den bitte ich um Sauberkeit!
Rißt nur ein Blatt heraus
und ist die wahrste Freundschaft aus.

erhielten wir ab der fünften Klasse Russischunterricht. Neben Staatsbürgerkunde war Russisch sicher das meistgehasste Unterrichtsfach in der DDR. Denn nicht nur die Aussprache war für deutsche Zungen schwierig, man musste auch noch die kyrillischen Buchstaben lernen. Jeder kennt die ersten russischen Reime: „Nina, Nina, tam Kartina, eto Traktor i Motor." Fragt man einen Ostdeutschen nach einem russischen Wort, dann lautet die Antwort garantiert: „Dostroprimeschatjelnosti" (Sehenswürdigkeiten). Anwenden konnten wir unser brüchiges Russisch so gut wie nie. Manchmal besuchten wir am 8. Mai, dem Tag der Befreiung, russische Kasernen in unserem Wohnort. Doch engerer Kontakt der einfachen Sowjetsoldaten mit ostdeutscher Bevölkerung war von der Armeeführung nicht erwünscht. Reisen in unser Bruderland UdSSR waren nur mit Visum und gut überwacht von staatlichen Organen, zum Beispiel über Jugendtourist, möglich.

Doch warum für Freundschaften in die Ferne schweifen, wenn die gute Freundin oder der beste Freund nah neben uns sitzt? In der sechsten und siebten Klasse begannen sich Mädchen und Jungs wieder mehr füreinander zu interessieren. Wir schrieben uns in der Stunde kleine Zettelchen, die wir mit dem Lineal per Luftpost durch das Klassenzimmer schnipsten. Auf den Zetteln stand oft „Willst du mit mir gehen? Ja/Nein" darunter zum Ankreuzen. Solche kleinen Liebeleien dauerten dann ein bis zwei Wochen, bis wir die nächsten Zettel austauschten.

Richtige Schulfreundschaften hielten länger, wenige bis heute. Mode war, dass sich jeder Mitschüler und die Lieblingslehrer im Poesiealbum verewigten. Jeder von uns besaß so ein Büchlein, sogar die Jungs. Kitschige Sprüche wie „Aus Rosen das Häuschen, aus Veilchen die Tür, aus Liebe den Riegel, das wünsch ich dir" wurden in Schönschrift auf die weißen Seiten des „Poesis" geschrieben, manchmal Passbild oder Blumenbildchen dazu geklebt. Aber auch Zeilen von Goethe, Tagore oder Maxim Gorki standen im Album.

Bewegtes Leben zwischen Disko und Schraubstock

„Ja, das geloben wir" – die Jugendweihe

In der achten Klasse nahm uns die Gesellschaft in den „Kreis der Erwachsenen" auf. Mit 14 bekamen wir den Personalausweis, von uns liebevoll „Persi" genannt. Den zeigten wir jetzt stolz der Kartenverkäuferin an der Kinokasse, wenn ein Film erst ab „P14" lief. Der blaue Ausweis mit dem Emblem der DDR auf dem Deckel war der formelle Beweis, dass wir als erwachsen galten. Die sozialistische Jugendweihe sollte das zusätzlich feierlich bekräftigen. Sie hatte sich in der DDR neben dem Schulanfang zur größten Familienfeier entwickelt. Weil nur wenige Ostdeutsche zur Kirche gingen, hatte die Jugendweihe die Konfirmation fast vollständig abgelöst. Kinder aus christlichen Elternhäusern begingen beide Feste, nur um unter Gleichaltrigen nicht ausgegrenzt zu sein. Das ganze achte Schuljahr stand im Zeichen unserer Jugendweihe, die dann

Chronik

3. Mai 1980
Im westdeutschen Gorleben besetzen rund
5 000 Atomkraftgegner das Gelände des
geplanten Endlagers.

17. September 1980
Die unabhängige polnische Gewerkschaft
„Solidarnosc" wird gegründet.

13. Oktober 1980
Die DDR erhöht den Mindestumtausch für
Besucher aus dem Westen von 13 auf 25
DM pro Tag drastisch. Danach kommen
weniger Besucher.

8. Dezember 1980
In New York erschießt ein Psychopath den
Ex-Beatle John Lennon auf offener Straße.

20. Januar 1981
Ronald Reagan wird US-Präsident. In
seiner Amtszeit verschärft sich der Kalte
Krieg durch das SDI-Programm (Militarisie-
rung des Weltalls) und die Stationierung
von Pershing-II-Raketen in der BRD.

13. Mai 1981
Auf dem Petersplatz in Rom wird Papst
Johannes Paul II. durch einen Schuss
lebensgefährlich verletzt.

13. Dezember 1981
In der Volksrepublik Polen wird das
Kriegsrecht ausgerufen.

12. November 1982
Nach dem Tod Breschnews wird Juri W.
Andropow neuer Kremlchef.

29. Juni 1983
An die DDR geht auf Vermittlung des
bayerischen Ministerpräsidenten Franz
Josef Strauß ein Milliardenkredit.

25. Oktober 1983
Udo Lindenberg gibt ein Konzert im Palast
der Republik in Ostberlin.

19. Mai 1984
Der Fußballklub Dynamo Berlin wird zum
sechsten Mal in Folge DDR-Fußballmeister.

4. Oktober 1984
In der Botschaft der Bundesrepublik in
Prag halten sich über 150 ausreisewillige
DDR-Bürger auf. Auch in Bukarest,
Warschau und Budapest versuchen
DDR-Bürger in den diplomatischen
Vertretungen ihre Ausreise zu forcieren.

Der große Tag der Jugendweihe.

schließlich im Mai stattfand. Davor
mussten wir an sogenannten Jugend-
stunden teilnehmen. Darin standen
Besuche in Gedenkstätten an für
Antifaschisten, auf sozialistischen
Großbaustellen und bei der SED-Kreis-
leitung. Selbst die Klassenfahrt in
diesem Jahr hieß Jugendweihefahrt.
Viele achte Klassen unseres Jahrgangs
fuhren nach Weimar. Auf den Spuren
der Dichter wandelten wir beim Besuch
von Goethes und Schillers Wohnhaus.
Wir besuchten die Gedenkstätte KZ
Buchenwald auf dem Ettersberg bei
Weimar, wo die Nazis Menschen sich
zu Tode schuften ließen, folterten und
ermordeten. Erst nach der Wende
sollten wir erfahren, dass Stalin nach
dom Zweiten Weltkrieg das Lager
weiter nutzte, um Andersdenkende zu
bestrafen.

Nach all den Aktivitäten sollten wir gesell-
schaftspolitisch genügend gebildet sein, um
beim Jugendweihefestakt aus voller Überzeu-
gung „Ja, das geloben wir" auf die DDR zu
schwören. Dabei war das Gelöbnis nur das
notwendige Übel, um in den „Kreis der
Erwachsenen" aufgenommen zu werden.
Nicht zuletzt war die Jugendweihe mit
Geschenken von größeren Geldbeträgen bis hin zum ersehnten Moped
verbunden. Den Geschenken fieberten wir schon lang entgegen, die Feier-
stunde verblasste. Wir freuten uns über unseren ersten Kassettenrekorder
„Annett" oder „Sonett" und über die vielen Glückwunschkarten mit beigelegten
Scheinchen. Nur ein Geschenk wanderte in eine Zimmerecke, um nicht mehr
gefunden zu werden – das Jugendweihebuch „Der Sozialismus – Deine Welt".

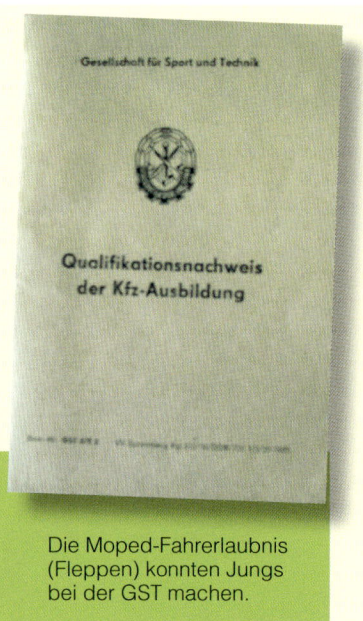

Die Moped-Fahrerlaubnis
(Fleppen) konnten Jungs
bei der GST machen.

Geliebte heiße Kiste

Wer nicht schon zur Jugendweihe ein Moped
geschenkt bekam, sparte mit dem Jugendweihegeld
darauf. In unserem Jugendweihejahr lief gerade das
neueste Mokickmodell – die S 51 – im VEB Fahrzeug-
und Jagdwaffenwerk „Ernst Thälmann" in Suhl vom
Band. Das war das Objekt unserer Begierde. Gegenüber seinem Vorgänger S 50 besaß das neue neben
anderen Verbesserungen einen Bananentank. Doch
bevor wir Moped fahren durften, galt es, die Fahrerlaubnis, „Fleppen" genannt, zu bestehen. Mit dem
Moped fuhren wir zum Badesee, zur Schule, zur Disko
und später zur Lehre. Auf den Tank kam ein fetziger
Aufkleber. Bastler bohrten am Auspuff, damit das

Das Krauseduo wurde erst später zum Kultfahrzeug.
Wir waren scharf auf S-50-Mopeds und MZ-Maschinen.

Moped richtig durch die Straßen knatterte, oder frisierten anderweitig daran herum. Hauptsache auffallen. Einen Helm fürs Mopedfahren zu kaufen war ebenso schwierig, wie Ersatzteile fürs Zweirad zu bekommen. Angesagt waren bei uns Integralhelme. Die unförmigen Modelle aus dem DDR-Fachhandel galten bei uns als untragbar. Die besten Integralhelme gab es natürlich im Westen. Aber auch im benachbarten Tschechien wurden ansehliche Helme hergestellt.

Diskobesuche mit dem Moped erwiesen sich als gefährliche Angelegenheit. Nüchtern bleiben war nicht das Hauptproblem, sondern das Parken am Ort der Tanzveranstaltung. Wenn wir nach Musikschluss nach Hause fahren wollten, stellten wir fest, dass entscheidende Bauteile am Moped wie Vergaser oder der Bowdenzug fehlten. Auch der Kickstarter war begehrtes Diebesgut. Geklaut wurde, weil es im Handel keine Ersatzteile für gängige Mopedmodelle wie S 50 gab. Ärgerlich war, dass wir die geklauten Bauteile nur mit Hilfe von Beziehungen wieder anschaffen konnten.

Besser war es, mit dem Moped durch Feld und Flur zu düsen und unsere Fahrkünste auf Crosspistrecken zu beweisen. Beulen trugen danach das Moped oder wir. Später, mit sechzehn, stiegen einige Mopedfahrer auf Motorräder wie MZ 150 oder ab achtzehn auf die große Maschine MZ 250 oder ETS 250 um.

VPKA Wurzen

Meldestelle

Sprechzeiten

Montag	08 - 12 Uhr
Dienstag	09 - 18 Uhr
Mittwoch	13 - 15 Uhr
Donnerstag	09 - 16 Uhr
Freitag	09 - 15 Uhr

...VPKA...Wurzen...Abt....PM...
Dienststelle

Öffnungszeiten der Volkspolizeimel-
destelle waren wichtig für das An-
und Abmelden von Westbesuch.

Abenteuer Westbesuch

Der Besuch von Onkel und Tante, Cousin und Cousine aus der BRD erforderte
von unseren Eltern im Vorfeld sorgfältige Planung. Es begann mit Amtsgängen.
Bevor die Verwandten in unseren Arbeiter-und-Bauern-Staat einreisen durften,
mussten wir bei der Volkspolizeibehörde eine Besuchserlaubnis beantragen.
Bei welchem Volkspolizisten wir den Antrag abgaben, wurde gut bedacht. Nur
wenige gutmütige Beamte erlaubten eine bequeme Einreise mit dem Auto.
Zugreisen galten als besonders ärgerlich für die westlichen Besucher, weil die
Grenzer sie dort gern gründlich „filzten". Wenn die Erlaubnis für die Einreise in
die DDR endlich erteilt war, dann setzten Vater und Mutter alles in Bewegung,

Typisch 80er: Westbesuch mit
schickem Auto vor grauen
Fassaden mit sozialistischen
Losungen („Mit neuen Taten
zum ‚Mach mit!'-Wettbewerb
zum diesjährigen Jahrestag
unserer Republik.").

um die Gäste mit nicht alltäglichen Leckereien wie Lachsschinken, Kassler oder Naturdarm-Wienern bewirten zu können. Mit einem Päckchen Westkaffee bestochen, reichte dann die Fleischwarenverkäuferin ein sorgfältig in Packpapier eingewickeltes Wurstpaket mit Augenzwinkern über die Ladentheke. Oma backte Kuchen, Mutter wusch die Gardinen, Vater besorgte wieder mit Beziehungen Exportpilsner. Es wurde gekocht, gebacken, gefegt und manchmal noch schnell renoviert. Schließlich wollten wir uns vor der Westverwandtschaft nicht blamieren. Mit großer Aufregung erwarteten wir die Ankunft von Onkel und Tante. Waren sie gut über die Grenze gekommen? Endlich fuhr das schicke Westauto vor. Für uns Kinder brachte der Besuch heiß begehrte bunte Kaugummikugeln, Milka-Schokolade oder Matchboxautos mit. Es war für uns ein ganz besonderes Erlebnis, wenn wir in Onkels Auto eine Runde durch die Stadt mitfahren durften. Mit der Ankunft des Westbesuchs war der Ämterstress nicht zu Ende. Binnen eines Tages mussten unsere Gäste wieder zur Volkspolizei, um sich anzumelden. Der zuständige Hausvertrauensmann in unserem Wohnblock lauerte schon auf die Verwandtschaft. Stand das Besucherauto mit dem Kennzeichen D vor dem Haus, klingelte er an der Wohnungstür mit dem Hausbuch in der Hand. In diesem Buch musste sich die frisch eingetroffene Verwandtschaft mit allen Angaben zur Person eintragen. Vor der Abreise ging es wieder auf das Polizeiamt zum Abmelden. Onkel und Tante wunderten sich nach dem Besuch, dass der Tisch so gut eingedeckt war mit Lachsschinken und leckeren Wienern. Warum die Ostdeutschen nur so viel meckerten. Gab doch alles.

Mitgliedsausweise für FDJ, GST und DTSB.

Im Osten geht die Sonne auf – die FDJ

Die aufgehende Sonne war das Symbol der Freien Deutschen Jugend, abgekürzt FDJ. Sie war die staatlich verordnete Jugendorganisation in der DDR. Wofür das „Frei" im Namen der Organisation stand, wissen wir bis heute nicht. So wenig, wie man der Pionierorganisation und Jugendweihe entrinnen konnte, so war das auch mit der FDJ.

Ab der 8. Klasse hing ein FDJ-Hemd in unserem Kleiderschrank.

Sie gehörte zum Pflichtprogramm für einen gelernten DDR-Bürger. Im Jahr der Jugendweihe traten wir alle in die Jugendorganisation ein. Seitdem mussten wir beim Schulappell, zur Versammlung oder zu Prüfungen in blauer FDJ-Bluse erscheinen. Ob wir zur Disko in den Jugendklub gingen oder im Sommer eine Jugendreise unternehmen wollten, überall hatte die FDJ die Hände im Spiel. So veranstaltete die Jugendorganisation zum Beispiel die Weltfestspiele, das jährliche Pfingsttreffen der FDJ. Sie organisierte das Festival des politischen Liedes und die Veranstaltung „Rock für den Frieden". Der Friedensrock fand seit 1983 im Palast der Republik statt. Hin und wieder durften westliche Künstler auftreten. Eine weitere FDJ-Domäne war die MMM, offiziell die „Messe der Meister von Morgen" und im Volksmund „Mist, Murks und Muddlich" genannt. „Muddlich" ist der sächsische Ausdruck für etwas sehr ambitionslos Zusammengebasteltes. Bei dieser Messe präsentierten junge Forscher ihre Exponate. Ein Muss für jede Jugendbrigade, die manche an den Haaren herbeigezogene Neuheit präsentierte.

Kalter Krieg im Klassenraum

Wir mussten Krieg spielen in der Schule und zu Beginn von Lehre oder Studium. Ab der neunten Klasse erhielten wir am Schuljahresanfang eine Woche Wehrkundeunterricht. Ein Mitarbeiter des Wehrkreiskommandos kam in Uniform und bereitete uns auf den dritten Weltkrieg vor. Er zeigte uns Propagandafilme über die NVA, und warum sie ständig achtgeben musste, nicht von der NATO überfallen zu werden. Die Jungs fuhren eine Woche in ein Wehrlager, das von der GST, der Gesellschaft für Sport und Technik, organisiert wurde. Dort steckte man sie in khakigrüne Uniformen und sie erhielten eine vormilitärische Ausbildung. Sie trainierten Gleichschritt, Robben durch den Matsch, Schießen mit dem Luftgewehr, Tarnen im Gelände, kurz alles, was sie später bei der NVA-Grundausbildung erwarten würde. Einen Vorteil hatte die GST für die Jungen. Sie konnten hier billig die Fahrerlaubnis für Moped und Motorrad machen.

Die Mädchen erhielten Unterricht in Zivilverteidigung. So lernten sie, wie Sirenensignale bei einem Bombenangriff aufjaulen würden. Sie bauten aus einem Strumpf und Zellstoff eine Atemschutzmaske, um den Atomangriff zu

Vormilitärische Ausbildung in Schule und Lehre.

15. bis 18. Lebensjahr

überleben. Und sie probierten den Zivilschutzanzug aus Vollgummi mit Gas-maske an. Was im Nachhinein lächerlich erscheint, jagte uns damals eine gehörige Portion Angst ein. Bei jedem Sirenensignal, wenn ein Brand aus-brach, lauschten wir nun, ob nach drei Signalen Schluss war und es nicht noch weiter tönte und einen Fliegerangriff ankündigte. Die Angstmache vor einem Krieg gipfelte in einer Zivilschutzübung in unserem Ort, wo einen Vormittag lang der Ernstzustand bei einem Atomangriff durchgespielt wurde.

Kein bisschen Frieden

Von „Ein bisschen Frieden" sang Schlagersängerin Nicole und gewann 1982 den Grand Prix. Wir wollten mehr Frieden. Der Wehrkundeunterricht und das Wettrüsten der Atommächte war für uns Anlass für persönliches Engagement für den Frieden. Offiziell war die DDR ein Friedensstaat. Was wir im Wehrkun-deunterricht vermittelt bekamen, klang aber anders. Die Lippenbekenntnisse unserer Regierung zum Frieden waren uns nicht genug. Und weil Jugendliche Verbotenes lieben, schlenderten wir eines Tages ins Kirchengebäude, um uns bei einem offenen Gemeindeabend zu informieren. Wie lässig und souverän der Pfarrer gegenüber dem FDJ-Sekretär mit seinen Parolen wirkte. Ihm nahm man das Engagement für den Weltfrieden ab. Die kirchliche DDR-Friedensbewegung wendete sich gegen den Wehrunterricht und setzte sich für die Verweigerung von Militärdienst an der Waffe ein. Der Pfarrer oder andere Kirchenmitarbeiter verteilten Aufnäher mit dem Symbol

Aufnäher wie „Schwerter zu Pflug-scharen" oder Buttons mit Friedens-tauben kennzeichneten die Anhänger der DDR-Friedensbewegung.

„Schwerter zu Pflugscharen". Das Symbol war von der Kirche taktisch klug gewählt, denn es zeigte die Plastik „Wir schmieden Schwerter zu Pflugscharen", welche die UdSSR 1957 der UNO schenkte. Gleichzeitig lag dem Symbol ein Bibelzitat zugrunde. Doch trotz Bezug zum Sozialismus wurden Jugendliche, die den Friedensaufnäher trugen, zum Direktor bestellt. Sie mussten den Aufnäher abtrennen, sonst drohte Tadel oder gar Schulverweis. Neben dem Feind im Ausland wurde der Pazifismus der Christen im eigenen Land zum Feindbild hochstilisiert. Viele begannen, sich gegen den Staat in der Oppositionsbewegung zu organisieren oder sie stellten später einen Ausreiseantrag.

Weichenstellung

Jetzt hatten wir es geschafft. Nach Büffelei und Schwitzen in den schriftlichen und mündlichen Abschlussprüfungen der zehnten Klasse hielten wir unser Abschlusszeugnis in den Händen. Alle lächelten festlich gekleidet zum Abschlussfoto in die Kamera. Jetzt teilten sich nach Kindergarten und Schulzeit erstmals unsere Wege. Einige, die es in der achten Klasse nicht auf die Erweiterte Oberschule (EOS) geschafft hatten, wechselten noch in diese Schulform, um das Abitur abzulegen. Andere entschlossen sich zu einer Berufsausbil-

Rechenstab – wichtig für die Matheabschlussprüfung, mit dem Taschenrechner konnten wir erst zu Hause nachrechnen.

dung mit Abitur oder für eine Lehre mit dem Abschluss als Facharbeiter. Einen Beruf nach Wunsch zu erlernen, war für uns schwierig. Jeder bekam einen Ausbildungsplatz, oft einen unerwünschten. Für den Traumberuf mussten wir sehr gute Noten vorweisen und sollten möglichst aus einem politisch korrekten und der Arbeiterklasse entsprungenen Elternhaus kommen. So konnte es durchaus passieren, dass Schüler, die die zehnte Klasse mit Auszeichnung abschlossen, aber akademische und noch schlimmer, parteilose Eltern besaßen, bei der Berufswahl benachteiligt wurden. Viele Jungen, aber auch einige Mädchen landeten in der Lehre zu einem Metall verarbeitenden Beruf wie Dreher, Schlosser oder Installateur, denn die wurden in der DDR gebraucht.

Nur dass die Berufsbezeich-
nungen auf unserem Lehrver-
trag anders klangen. Der
Dreher hieß Facharbeiter für
Zerspanungstechnik, der
Schlosser hieß Maschinen- und Anlagenmonteur und der Rohrverleger hieß
Facharbeiter für Instandhaltungsmechanik. Mädchen begannen Ausbildungen
wie die als Wirtschaftskauffrau, Verkäuferin oder Krankenschwester. Sorge,
dass wir später keinen Arbeitsplatz finden würden, plagte uns nicht.

Es würde alles seinen sozialistischen Gang gehen. Bald lernten wir, dass
Lehrzeit kein Zuckerschlecken war. Wir wurden in Lehrlingsinternaten streng
beaufsichtigt. Wir mussten uns vor dem ersten Hahnenschrei in Busse und
Bahnen setzen, um in die Berufsschule oder in den Lehrbetrieb zu fahren.
Unsere Freude über den Abschied von Schulräumen der POS und von unge-
liebten Lehrern schlug bald in Wehmut um.

Ökulei und Massensport

Gemäß der sozialistischen Planwirtschaft wurden wir Lehrlinge einem volkseige-
nen Betrieb zugeteilt. Mit Arbeitsantritt wurden wir gleich Mitglied in einer
weiteren Organisation, dem FDGB (Freier Deutscher Gewerkschaftsbund). Wir
zahlten nun auch Gewerkschaftsbeiträge. Zuwachs bekam auch unsere Aus-
weissammlung um den grünen SV-Ausweis, der uns bis zur Rente begleiten
sollte und in dem jede Krankschreibung eingetragen wurde. Jetzt saßen wir
nicht mehr auf der Schulbank in der POS, sondern in der Betriebsberufsschule.
Wenn es denn mit dem Erlernen von Theorie und Praxis für den Beruf getan
gewesen wäre. Nein, das war dem Lehrbetrieb nicht genug. In der Freizeit
mussten wir zu FDJ-Versammlungen oder um den ehrenvollen Namen eines
Antifaschisten für die Berufsschule kämpfen. Dafür schickte uns die Berufsschule zu Antifaschistenfilmen ins Kino, die so aufregend waren wie die

Meldungen der Wasserstands- und Tauchtiefen im Radio. Versuchten wir, gesellschaftspolitische Veranstaltungen zu schwänzen, dann setzte es wieder Klassentadel. In der Beurteilung im Facharbeiterzeugnis stand: „Er/Sie beteiligte sich an Klassenveranstaltungen, war aber darüber hinaus nicht bereit, zusätzliche gesellschaftliche Aufgaben zu erfüllen. Er/Sie muss noch lernen, persönliche und gesellschaftliche Belange in Einklang zu bringen."

Dabei hatten wir uns doch so beim Ökulei engagiert. Hinter der skurrilen Abkürzung verbarg sich der ökonomisch-kulturelle Leistungsvergleich, in dem alle Lehrlinge unserer Schule kämpften. Zum einen mussten wir bei der praktischen Lehrausbildung unseren Plan erfüllen und zum anderen uns in einem kulturellen Wettbewerb auf einer Bühne messen. Das eine Lehrlingskollektiv führte ein Theaterstück über Hungernde in Afrika auf, die anderen spielten den Werkstattsong der DDR-Band „Pankow" nach oder zitierten ein revolutionäres Gedicht. Wenn alle das Ganze mit einem schlitzohrigen Humor aufführten, dann lachten wir uns bei so einer Veranstaltung schlapp. Ein weiterer Höhepunkt im Lehrjahr war die Teilnahme am Turn- und Sportfest in Leipzig. Da waren wir einer von 12 000 Fähnchenhaltern auf der Osttribüne, wenn sie damit bunte Losungen wie „Es lebe der Sozialismus!" oder „Stärkt die DDR!" bildeten. Diese Masseninszenierungen liebte unsere Staatsführung. Sicher, um sich von den wirklichen Problemen im Land abzulenken, die immer mehr wurden. Nach chinesischem Vorbild bildeten wir durch Hochhalten der Fahnen eigenartige Formationen, die in der Masse wirkten und präzise zelebriert wurden. Beim Turn- und Sportfest im Sommer kamen hunderttausende Jugendliche zusammen. Eine Riesenparty mit Flirten, Feiern und Spaß.

Das Turn- und Sportfest in Leipzig war Pflichtprogramm in der Lehre.

Zum Tanz aufs Land

Nach der anstrengenden Woche in der Lehre hatten wir uns die Vergnügungen am Wochenende echt verdient. Seit Montag freuten wir uns schon auf Freitagabend. Da ging es zur Disko in den Jugendklub oder aufs Dorf in einen Gasthof mit Tanz. Disko bedeutete, dass Discjockeys mit Erfindungsgeist sich eine Musikanlage zusammengebastelt hatten. Die meisten DJs arbeiteten die Woche über als Hausmeister genau wie die vielen Bandmusiker, die am Wochenende durch die Dorfsäle zogen. Sie legten die vorgeschriebene Musik in einer Aufteilung von 60 Prozent Osttitel und 40 Prozent Westmusik meistens als 100 Prozent Westhits aus. Doch es war schwierig, in die Diskos hineinzukommen. Am besten, wir kannten jemanden von der Ordnungstruppe oder dem Jugendklub. Dann kamen wir hintenrum rein. Manchmal kletterten wir aber auch durch Toilettenfenster oder andere Umwege ins begehrte Tanzhaus. Bei solchen Diskotheken tranken die Jugendlichen eine Menge Bier, Wein und Schnaps. Meist kam es am Ende einer Tanzveranstaltung zu Saalprügeleien. Manche Diskos hatten deswegen den Spitznamen „Nahkampfdiele". Schluss war Punkt zwölf Uhr, wenn nicht eine Prügelorgie zum vorzeitigen Abbruch führte.

Bier, Blues und Bockwurst

Es gab in der DDR eine Szene von Jugendlichen, die sich lieber Livemusik anhörten. Besonders im Süden der DDR gab es viele Dorfsäle, die das boten: Bandauftritte mit Blues- und Rockmusik. Viele Titel internationaler Bands wurden nachgespielt oder eigene Titel zum Besten gegeben. Den Bluesfan erkannte man an den langen Haaren. Er trug einen grünen Parka und darunter zu den Jeans gern ein blau-weiß gestreiftes Fleischerhemd. Hirschbeutel, Tramper oder Jesuslatschen an den Füßen rundeten das Blueser-Outfit ab. Das ist zwar klischeehaft überspitzt, aber wenigstens eins der aufgezählten Kleidungsstücke war auf jeden Fall dabei. Das Herumreisen an den Wochenenden von Saal zu Saal verband die Musikfans. Bands wie Freygang, Jonathan-Blues-Band, Klappstuhl, Engerling, Monokel oder Jürgen Kerth lockten, egal ob Sommer oder Winter. Tausende Fans reisten aus der ganzen Republik an.

An jedem Wochenende
spielten die Bands.

Sie kamen per Zug, meist als Schwarz-
fahrer, oder trampten zum Konzert. Man
kannte sich. Umso wilder und verrück-
ter die Erscheinung, umso bekannter.
So gab es zum Beispiel unzählige
Frank-Zappa-Doubles. Die Fans waren
natürlich auch bei den überwachenden
Organen wie Volkspolizei, Trapo oder
Stasi bekannt. Wie oft hörten Musikreisende am Wochenende den Satz:
„Bürger, weisen Sie sich aus." Hatte man keinen Ausweis bei sich oder trug
einen verbotenen Aufnäher wie „Schwerter zu Pflugscharen" an der Jeans-
jacke, dann wurde man auf die Wache mitgenommen und verhört. Viele Bands,
die mit zu kritischen Texten auftraten und zu viel Verrückte anlockten, erhielten
Auftrittsverbot. Unter anderen Namen traten die Musiker dann doch wieder auf,
bis es alle wussten. Das Katz-und-Maus-Spiel mit den offiziellen Organen
begann von vorn. War das Geld zum Wochenendmusikausflug zu knapp,
trafen sich die Gleichgesinnten zu wilden Privatpartys oder hofften auf eine
Blues- oder Jazzdisko in der Nähe. Doch auch diese Szene bröckelte durch
viele Ausreisende mehr und mehr auseinander. Nach der Wende stellte sich
heraus, dass einige Stasispitzel dazugehört hatten.

Freie Republik Wasungen

Einmal im Jahr brach in der thüringischen Kleinstadt Wasungen der Wahnsinn aus. Der seit 1554 bekannte Wasunger Karneval fand traditionell in der DDR mit Hauptumzug am Sonnabend vor Rosenmontag statt. Der Karneval dauerte eine Woche an. Es fanden unzählige Veranstaltungen in allen Lokalen des Städtchens statt. Weil die Wasunger öffentlich Staat und Politik mit ihren Transparenten auf den Umzugsfahrzeugen kritisieren durften, lockten die närrischen Tage immer mehr Langhaarigen-Publikum aus der ganzen DDR an. Hier durften sie unbehelligt die Sau rauslassen, rund um die Uhr feiern, trinken und alles auf die Schippe nehmen. Seit Anfang der 1980er-Jahre versuchten Polizei, Kampfgruppe und Transportpolizei den Zulauf von Szenekunden zu verhindern. Sie holte die Leute aus den Zügen nach Wasungen heraus oder ließen sie nicht einstiegen. Doch zu Fuß übers Land gelang es vielen Karnevalfans doch wieder durchzukommen. Wenn sie erst einmal in

Rosenmontagsumzug in Wasungen (Thüringen).

der Karnevalshochburg drin waren, dann waren die staatlichen Organe gegen die geballte Feierlust machtlos. Die zugereisten Karnevalisten besetzten Häuser nach Vorbild der Hamburger Hafenstraße, hissten schwarz-rote Fahnen. Sie lachten Polizeikräfte aus, die hintereinander im Gleichschritt marschieren mussten und die ein langhaariger Narr mit seiner Trillerpfeife im Schritttakt begleitete. Die Losungen auf den Fahrzeugen des Karnevalsumzugs waren frech wie auf keiner Kabarettbühne im Land.

Aufbruch in Familie oder ade DDR!

Mit dem 18. Geburtstag waren wir nun volljährig. Das nutzten viele von uns, heirateten früh und wurden jung Eltern. Für Mädchen, die das Abitur ablegten, begann bald die Studienzeit. Die Jungs zog die NVA zum Wehrdienst ein und für sie begann oft die härteste Zeit in ihrem Leben. Mit 18 meldeten wir uns zeitgleich für Führerschein und Autobestellung an. Das Warten auf den Führerscheinkurs war gegenüber dem Autokauf die leichtere Hürde. Entweder wir blätterten unangemessen viel Geld für einen Gebrauchtwagen hin oder wir mussten uns für einen Neuwagen Jahre gedulden. Damals wusste noch keiner von uns, dass sich fünf Jahre später alles ändern würde. Für viele von uns war das Leben in der DDR zu eng geworden und sie stellten nach abgeschlossener Berufsausbildung einen Ausreiseantrag in die Bundesrepublik. 1984 hat die DDR ungewöhnlich viele Bürger in den Westen ausreisen lassen. Es waren fast 41 000 Menschen. 1988, ein Jahr vor der Wende sollten es mehr als dreimal so viel sein. DDR hieß bei uns bis kurz vor der Wende auch „Der dumme Rest".

Mit achtzehn sah unsere Zukunft zunächst nicht rosig aus. Die DDR verfiel. Häuserfassaden sahen immer grauer aus, Material in den Betrieben fehlte. Die Phrasen der Politiker wurden immer hohler und unglaubwürdiger. Wer sich kritisch äußerte, wurde von der Staatssicherheit bedroht. Glück fanden wir im Privaten und suchten uns Nischen, wo wir weitab von der sozialistischen Wirklichkeit unser Leben lebten. Die Mutigen unter uns riskierten ihre Freiheit und schlossen sich der Opposition an, um öffentlich die Zustände in der DDR zu kritisieren. Wir waren nicht der dumme Rest. Wir Daheimgebliebenen waren es, die 1989 zusammen mit Hunderttausenden auf die Straße zogen und mit einer friedlichen Revolution die Wende in unserem Land einleiteten.

Nach 18 wurde der Aufstand geprobt, der 1989 zum Sieg führte.

15. bis 18. Lebensjahr